目 录

CONTENTS

人物介绍

喜欢运动和探险，爱吃胡萝卜

一只淘气、多嘴的兔子。活泼好动，充满活力，是个乐天派，和猬小弟是最好的朋友。

喜欢收藏各种东西，喜欢看书

这只小刺猬善良、有礼貌、乐于助人、有一点儿害羞。他总是不慌不忙，外表很温柔，内心很勇敢。

爱漂亮，喜欢幻想，喜欢收礼物

可爱迷人的女孩，爱吃甜食，爱漂亮。经常鼓舞其他开心球去完成重要的事情，喜欢得到赞美。

喜欢文学、诗歌和艺术

开心球中的著名诗人，非常敏感。一直在寻找灵感，散发着忧郁而浪漫的诗人气息。

热爱科学、读书和美食

很有才华的科学家，生活中有点儿笨手笨脚。对待任何问题，他都会在自己的藏书中寻找科学的答案。

药老师

喜欢烹饪，关心大家的健康

乐于助人、充满爱心的奶奶。随时带着医药箱，经常给别人看病，倡导健康的生活方式。严厉但很公平。

大嘴叔

喜欢旅行，热爱戏剧和音乐

年长的绅士，伟大的旅行家。是个讲故事的能手，有艺术家气质，有一点儿爱吹牛。

农夫熊

喜欢种植，爱吃蜂蜜

温顺憨厚，不善言谈，整天都在地里干农活：耕地、除草、灭虫……他种的蔬菜长得非常棒！

平博士

热爱发明，擅长机械，敢于冒险

自学成才的发明家，能将一堆金属碎片变成神奇的机器。喜欢开飞机，经常冒出奇怪的想法。

小贝

聪明绝顶，喜欢探索太空

平博士创造出来的机器人，拥有超强的学习能力，不会说话，但可以发出电脑声波传达信息。

超级赛车比赛

拼搏的过程比奖杯更重要。

小朋友，你去过沙漠吗？你知道沙漠是什么样的吗？沙漠里除了沙子之外，还有什么？

平博士已经苦苦想了好几个月，怎么才能在沙漠里激发大家创造的热情呢？今天，平博士终于想到了一个好点子——赛车！沙漠里没有道路，没有红绿灯，没有行人，简直就是天然的赛车场呀！

得知要在沙漠里举行赛车比赛，所有人都踊跃报名。比赛定在了三个月后的第一个星期五。报完名大家就开始准备，因为所有的赛车都要自己设计，并且得用废旧物品制造出来。为了更好地监督和观看比赛，平博士亲手做了一个热气球，这样他可以坐着热气球高高地观察整个赛场了。

到了比赛那天，当所有的赛车都停在起跑线上准备出发时，平博士吃惊地发现，大家制造出的赛车一辆比一辆新奇。

兔小跳和猬小弟造出了一辆以胡萝卜为燃料的超级赛车，车上装有最强劲的发动机和最完美的整流罩，据说每秒钟可以跑三个胡萝卜的长度呢。

鹿教授和农夫熊的车虽然是由一台简陋的除草机改造而成的，但是整辆车都是由电脑操控的。

巧老师和大嘴叔在他们的赛车里安装了一个电热水壶做为发动机。

羊诗弟和朱小美则设计了一辆独一无二的复古版自行车。

“沙漠杯赛车比赛马上开始，预备——五——四——三——二——”平博士在热气球上喊道。

平博士正准备扣响发令枪，巧老师和大嘴叔却打开了车上的电热水壶发动机。

比赛之前还在烧水？！而且水壶上还有个哨子！要知道，赛场上的哨声有特别的意义，那是开始比赛的信号啊！

嘟——

农夫熊听到哨声，赶快一脚踩下油门。紧接着出发的是兔小跳和猬小弟，巧老师和大嘴叔跟在后面。最后，朱小美和羊诗弟的自行车也不紧不慢地出发了。

“停下！停下！有人抢跑！”平博士对着下面的选手们大喊，可是根本没人听见。

显然，大家听到的不是发令枪的声音，而是电热水壶的哨声。

“这是不公平的抢跑。”平博士叹了口气，举起发令枪，对着天上开了一枪。

没想到，平博士的发令枪把热气球给打了个窟窿，热气球漏气了，慢慢地落到了地面上。

虽然农夫熊和鹿教授在起跑时领先了一步，但是他们还没有开出五米远，就被兔小跳和猬小弟那辆超级赛车赶超了。

“咱们的车速度最快，奖杯是我们的！”兔小跳得意地说。现在对手们已经被他俩远远地抛在了身后。

不过，这辆超酷的超级赛车也有一个明显的不足，那就是赛车的噪音非常大！巨大的轰鸣声，吵得兔小跳和猬小弟都听不见彼此说的话！

“拐弯的时候提前告诉我！”兔小跳对猬小弟说。

“什么——”猬小弟根本听不见。

“拐弯的时候提前告诉我！”兔小跳用力吼道。

猬小弟总算听见了，他看了看手中的地图，说道：“前面向左转！”

“你说什么？”兔小跳也听不见猬小弟的话。

“左转！”

“大点儿声！”

猬小弟深深吸了一口气，攒足了力气大喊：“向——左——转！”这次兔小跳听见了，然而一切都晚了。

他们全速奔驰的超级赛车撞上了一棵高大的仙人掌。超级赛车顿时停止了轰鸣，整辆车都被撞碎了。

朱小美和羊诗弟，还在沙漠里不紧不慢地骑着车，动作优雅轻松。

“我想我们这是最安静的赛车！”朱小美笑着说，“虽然速度不快，但是很安全，还可以欣赏周围的景色。看，多美的沙漠！”

“那我们就骑得再慢些。”羊诗弟说，“着什么急呢，反正我们也赢不了比赛。”

“不过让大家在终点等我们太久也不太好，还是稍微快一点儿……”朱小美还没说完，就看到坐在路边的兔小跳和猬小弟。

“发生什么事了？”

兔小跳和猬小弟耷拉着脑袋，看上去很伤心，他们的旁边是被撞得面目全非的赛车。

“上来吧。”朱小美和羊诗弟把他们拉上了自行车。

比赛还在紧张地进行着。农夫熊和鹿教授想要赶超他们的对手，但是巧老师和大嘴叔的赛车灵巧地绕到了他们的前面。农夫熊和鹿教授的车不得不在沙丘中钻出了一条路！为此，他们的车损失了许多零件……

比赛的最后一段道路非常平坦，两辆赛车你前我后地相互追赶着。

“下面继续为您报道沙漠杯赛车比赛，最有希望夺冠的赛车已经退出了比赛，现在谁胜谁负还很难说。让我们先来看一段广告。”平博士费了好大劲儿补好了热气球上的窟窿，又可以升上天空，继续解说比赛了。

比赛到了最紧张刺激的时刻，鹿教授突然站起来，大喊一声："变形！"然后按下了车上一个最大的红色按钮。他们的赛车后面伸出两个金属螺旋桨，有了螺旋桨，他们的赛车像箭一样冲向终点。

巧老师和大嘴叔一下子慌了，他们完全没有预料到对手的赛车还能变形。不行，不到最后一刻，他们绝对不能放弃！

“来吧！”大嘴叔喊道。巧老师一脚把油门踩到了底。

可是他们没有想到，发动机超负荷运转，赛车就可能——爆炸！

现在，他们的电热水壶已经烧到了极限，水蒸汽充满了水壶，哨子响个不停！嘭！水壶爆炸了，赛车也四分五裂了，蒸汽把巧老师和大嘴叔送到了空中……

现在，巧老师和大嘴叔不需要翅膀也能飞起来了，他们飞呀飞，飞呀飞……

“看，鹿教授的车竟然能够变形……哦，我的天哪！”平博士刚在赛场上空发出一声惊呼，头上的热气球又被飞上天的巧老师和大嘴叔撞破了。

并没有人注意空中刚发生的事故。平博士还在现场报道了自己的事故：“由于技术原因，我们的报道中断。”

“我们是胜利者！我们是冠军！”看到对手都不见了，农夫熊和鹿教授开始欢呼雀跃。现在场上就剩下他们的赛车和朱小美、羊诗弟的自行车了。虽然还没有到达终点，但是农夫熊和鹿教授已经得意洋洋地认为他们是胜利者了。

他们太兴奋了，根本没有注意到，他们的赛车已经开上了沙丘。每次赛车跳过沙丘，电脑都会计算出越来越高的弹跳轨迹。

突然，电脑失控了。电脑发出指令，赛车变成了飞行模式，螺旋桨转得更快了。赛车越飞越高，越飞越高，在空中飞了几秒钟后，赛车大头朝下，掉下来，摔得粉碎。

鹿教授和农夫熊在沙丘上翻滚，最后一头栽到了仙人掌上。

比赛的终点就是出发的地方。终点线的彩带随风飘动，奖杯在阳光下闪着金色的光芒。朱小美和羊诗弟正不紧不慢地向终点骑去，车上还坐着两个沮丧的选手。

“这里没有一个人，我觉得大家都没有等我们！”朱小美失望地说。

“是啊，我们走得太慢了！”羊诗弟叹了口气。

“奖杯！”兔小跳一看见闪闪发亮的奖杯，马上就从自行车上跳下来，第一个冲过终点线，“猬小弟，我们是冠军。”

在这场比赛中，不管你是如何到达终点线的——跑过去，爬过去，冲过去还是走过去，只要你第一个越过终点线，你就赢了。

“当获胜者一定是一件非常了不起的事情。”朱小美羡慕地看着兔小跳。兔小跳和奖杯看起来是那么和谐，仿佛奖杯就是专门为他准备的！

剩下的选手呢？他们还在慢慢地向着终点前进。只是他们没有驾驶赛车，而是拖拽着赛车的残骸，一步一步地向终点走去。不管怎么样，也不能半途而废啊！

“还有大约五十公里！只要走十个小时，我们就可以到达终点了！”平博士还在鼓励大家。

晚了就晚了吧，好在他们已经掌握了制造赛车的技术，还曾经拼搏过，大家都觉得很开心！

开心足球赛

战术和信心，哪个更重要呢？

足球是一项深受大家喜爱的运动，在足球的世界里，每个人都能找到自己的快乐，女孩子也不例外。你可以像球员那样，在场上快速地奔跑；也可以像守门员那样，敏捷地移动跳跃；你还可以成为一个公正的裁判或者一个疯狂的球迷。

如果你既不喜欢跑，也不喜欢跳，还不喜欢评判和呐喊，那么你还可以选择当教练，去组织一场比赛。

农夫熊就是个天生的教练。每次有球赛他都非常激动，他从不会错过收听收音机中播讲的任何一场球赛。

“对方前锋带球连过两人，情况太危险了！守门员在哪里？”收音机里传来解说员焦急的声音。

农夫熊和解说员一样担心，他用拳头不断地敲击着收音机，着急地差点儿把收音机从窗户扔出去。即使这样也改变不了比赛的结局，他钟爱的那个球队，最后还是一败涂地。

“这球是怎么踢的？！”农夫熊愤怒极了，“要想胜利，必须有必胜的信心！”

“他们不是不想赢。”鹿教授试图安慰农夫熊，“是战术不对！”

“战术？”农夫熊怒气冲冲地吼道，“战术算什么？关键是士气！”

“很明显，你什么也不懂。”鹿教授盯着农夫熊，“战术能够战胜一切。”

“你才什么都不懂呢！胜利属于更想赢球的一方，士气更加高涨的一方。”

气氛突然变得紧张起来，两个好朋友互相怒视着对方，互不相让。最后他们决定举行一场比赛，谁能赢谁就是对的。

在农夫熊家的板凳上，坐着平博士、朱小美和羊诗弟——他们都是农夫熊的队员。农夫熊正试图激发队员们的激情。

“最重要的是士气，眼睛里要燃烧着烈火，脑子里要想着进球！”

羊诗弟紧张地晕了过去，农夫熊没有注意到，仍然在兴奋地说着：“我们的球队就叫火眼队，来吧，向我展示你们必胜的信心吧！”

鹿教授则在为自己的精算队队员讲解战术。

“这场比赛，我打算采用百慕大三角战术。”鹿教授指着黑板上的示意图，“对手进攻的时候，我们尽可能地给他们让出空间……然后让他们像在百慕大三角里一样，全部消失。这时，我们就把球踢进球门。明白吗？”

大嘴叔、兔小跳和猬小弟摇了摇头。

“好吧，那我再讲一遍……”

比赛马上就要开始了，两支球队的队员们在球场中心排成两排。火眼队队员们的眼睛里燃烧着烈火，士气高涨。精算队的队员们则准备得非常充分，他们有整整三套战术。鹿教授还给每个队员都发了战术图，以便他们随时查看。

巧老师是这场比赛的裁判。注意了，裁判开始抛硬币啦!

硬币旋转着飞上天，在阳光下闪着金光，然后啪的一声，掉到了地上。没等裁判做出决定，精算队的兔小跳第一个冲了出来，一脚把球踢开了。

足球高高飞起，兔小跳冲向足球，球刚好落在了他的脚下。灵巧的兔小跳向观众们展示了一整套过人的战术，眼看着他就要把球传给猬小弟……但是，兔小跳突然改变了主意，把球踢向了反方向。

“传球，对角线啊！”足球场外响起鹿教授绝望的叫声。

兔小跳隐隐约约听到有人喊对角线。他当然记得什么是对角线，但是他不想那样做。他给观众们表演了一下什么是假动作——他在羊诗弟面前来回跑了十几趟，还跳了三次，然后他突然冲向球门。

但是平博士挡住了他的去路。平博士纵身一跃，一脚踢开了兔小跳脚下的球！

羊诗弟接过球，平博士也迅速冲到对手的球门前。多么完美的配合！多么高涨的士气！遗憾的是，他们没有进球！球又回到了精算队队员的脚下，大嘴叔用力一踢，把球踢了出去。

“要有必胜的热情！”农夫熊扯着嗓门冲着守门员朱小美大喊。

朱小美扔掉手中的时尚杂志，一跃而起，伸出手去接球。

朱小美在空中接住了飞过来的足球。随后，大嘴叔又接住了朱小美踢过来的球，重新把球踢回去，朱小美也以同样的方式把球踢了回来！

足球在球场上迅速地飞来飞去。朱小美和大嘴叔不停地挥动着双手，准备接住飞来的球……最后大嘴叔一不留神，让球进了身后的球门。

1：0，火眼队领先，上半场结束了！裁判宣布中场休息十分钟。

“我们要改变战术！”鹿教授低声说道，“现在，我们要采取水坝战术，全面削弱对手的攻势，从侧面打开闸门，把他们从球场冲走。”

鹿教授看了看兔小跳，强调说：“把球传给猬小弟，明白吗？”

火眼队也在开会，农夫熊挥舞着双手大声叫喊："火花在眼中，火焰在心中，没有取得胜利就不要回来！"

"火眼队的队员们全体——向后转！"队员们迈着坚定整齐的步伐走上了球场。

哨声一响，下半场开始了。不出所料，又是兔小跳第一个抢到了球，他迅速带球冲向对方的球门！

“按照战术踢，快把球传给猬小弟！传给猬小弟！”鹿教授大喊。

但是兔小跳好像完全没有听见，他一心想着对方的大门。

射门！球击中了门柱，反弹回来，弹到了猬小弟的身上再次弹出，径直滚进了朱小美身后的球门。

球进了！比分1：1。

“我都说了传给猬小弟嘛！”鹿教授兴奋地喊道，得意地看着农夫熊。精算队的战术成功了！

再次开球，兔小跳又是最快抢到球的。火眼队的队员太想赢了，平博士和羊诗弟追上兔小跳，拽住了他的长耳朵，想要阻止兔小跳。

“不！这可不行！你们这是违规。”裁判愤怒地吹响了哨子，巧老师向火眼队出示了黄牌。

由于球场上出现了不文明的行为，裁判判精算队获得一次点球机会。平博士和羊诗弟在球门前组成一道人墙。精算队由兔小跳主罚点球。

嗖！足球击中人墙，平博士、羊诗弟和足球一起飞向球门，球门前正站着朱小美。朱小美大喊一声，扑向空中，但是，她没有接住足球，而是抓住了圆圆的羊诗弟。足球则直接飞进了球门。2：1，精算队领先！

农夫熊在教练席上痛哭起来："我都说了要有士气！你们都不想赢球！"

朱小美立即上前安慰农夫熊："亲爱的农夫熊，别哭了，比赛还没结束呢。"

一声哨响，比赛继续。这次还是兔小跳先抢到球吗？不是的！这次是朱小美，她不想再让农夫熊伤心难过了，她第一个冲上前，用尽全身的力气把球踢了出去。

两队的队员都惊呆了，傻傻地看着足球飞向球门。兔小跳第一个反应过来，他冲着球门大喊：“大嘴叔！”

“怎么了？”大嘴叔扔下手里的报纸，飞快地跳起来。他一扭头，发现球门的角落里已经躺着一个圆圆的东西——正是那个足球。

比分又扳平了，2∶2!

两队的球员们已经筋疲力尽，他们瘫坐在板凳上，无精打采地盯着时钟。但是教练们还不甘心，他们早就坐不住了，他们要亲自上场。

“我们要换人！”鹿教授站起身大吼道。

“我们也换！”农夫熊也走向球场。

比赛继续，鹿教授轻巧地踢着足球，然后冲着兔小跳大喊："我现在把球传给你！"

但是平博士冲上场，阻止了鹿教授的绝妙计划，并把球传给了最有热情的教练农夫熊。

"这样不公平！"鹿教授抗议道，但是农夫熊可不这么认为。

“闪开，快闪开！”农夫熊喊道，他绕着鹿教授开始跑起来，一边跑一边挥动他的手，“我现在充满了热情，足球就应该这样踢！”

“信心！”农夫熊一边喊，一边继续疯狂地转圈。

鹿教授用画满战术的图纸来回应农夫熊，他把战术图举到农夫熊的眼前。

“你准备怎么回应这样的战术？”

最终两个教练决定，用同时踢球的方式来决定胜负。两人同时猛踢足球，只听嘭的一声，足球被踢成了碎片，农夫熊和鹿教授双双倒在地上。

“这回你明白什么叫士气了吧?”农夫熊大声呻吟着。

“你呢，你明白战术的重要性了吧？”鹿教授一边揉着受伤的膝盖，一边嘟囔着。

两位教练互相搀扶着站了起来，一瘸一拐地回家去。

“嘿，你们去哪儿？比赛还有三分钟呢！”巧老师喊道。

“还有什么可比的！”

“不是很明显了吗？”

这场比赛最后的结果是：平局，双方握手言和。

教练

没有人能随随便便成功。

七月是一年中最热的时候。烈日烤着大地，空中飞舞着五颜六色的蝴蝶。鹿教授手里拿着捕蝴蝶的网子，正漫步在草原上。他喜欢先用网网住蝴蝶，仔细地观察，然后再轻轻地把它们放飞。

“对！就是这样！”寂静的夏天，突然传来一阵叫喊声。鹿教授放下手中的网，循着叫喊声跑过去。

他跑到海边，看见猬小弟、兔小跳、朱小美和羊诗弟正在比赛跳远。轮到羊诗弟了！他开始助跑，然后笨拙地蹦起来，随后砰的一声，直接摔在了起跳线上。

“快让开！”朱小美一下子跳到空中。

羊诗弟从地上爬起来，慢慢走到悬崖边，暗自悲伤。

“所有人都跳得比我远。”羊诗弟嘟囔着，“兔小跳、猬小弟，甚至连朱小美都跳得比我远，我刚才的样子真丢人。”

羊诗弟闭上眼睛，想象着自己要是能成为跳远冠军，那该有多好呀！他想象着自己飞速地奔跑，离起跳线越来越近，越来越近，然后轻盈地跳到空中，稳稳地落在地上。

“我可怎么面对我的朋友们呀？”羊诗弟哭了起来，“现在所有人都会嘲笑我的！”

鹿教授偷偷地在灌木丛中看着这一切。当羊诗弟郁闷地往家走的时候，鹿教授走上来。

“好多漂亮的蝴蝶呀，看得我眼花缭乱的。”鹿教授故意漫不经心地说。

羊诗弟转过头，还没等鹿教授开口，他便问道：“你……你会跳远吗？”

“那要看怎么跳了。”鹿教授回答道，“要是你接受训练，就一定能跳起来！”

“真的吗？”羊诗弟疑惑地问道。

“当然，和谁一起训练很重要！”鹿教授信心十足地说。

就这样，鹿教授变成了羊诗弟的教练。

羊诗弟在草地上笨拙地蹦来蹦去，鹿教授在一旁认真指导：“把自己想像成一只灵巧轻盈的蝴蝶！”

羊诗弟努力使自己的跳跃像蝴蝶一样轻盈，但是事实上，他跳得一点儿也不轻盈，反而显得十分吃力。

“在跳远中最重要的就是跳跃。”鹿教授鼓励羊诗弟，“助跑，起跳，腾空！”

羊诗弟按照教练的指导，努力奔跑跳跃。

白天很快就过去了，夜晚即将来临。羊诗弟已经在草地上踩出了一条小路，并且吓跑了所有的蝴蝶，可是，跳远还是一点儿也没学会。

回到家，筋疲力尽的羊诗弟很快就睡着了。但是鹿教授却整晚也没合眼，他在思考怎样才能让羊诗弟跳得更远。

鹿教授在床上翻来覆去，终于，他想到了好办法！他掀开被子，从床上跳起来，快速跑到黑板前写起来。

第二天早上，羊诗弟早早起床，跑到鹿教授家里接受训练。鹿教授正站在黑板前，黑板上写着密密麻麻的公式。那些公式看上去非常复杂，写满了整块黑板。

“快看！我查了一下资料，画出了起跳需要的角度。”鹿教授信心百倍地向羊诗弟展示着。

羊诗弟已经看傻了，他根本看不懂这些公式。因此，鹿教授决定边解释边实践。

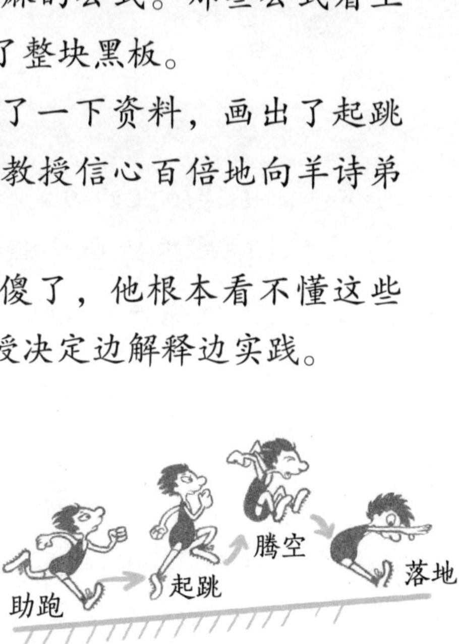

他们连续跳了三个小时，直到天空中布满乌云。

“现在，我需要角度！”看到鹿教授做完示范，羊诗弟大喊道。

“对！起跳的角度越正确，腾飞的距离就越远。”教练兴奋地说。

咔嚓！突然天空中出现一道闪电，羊诗弟害怕地抬头看了看。

“明白了吗？”鹿教授完全顾不上天色已变，继续说道，“必须计算着步数，按照预定的路线，跳起来！”

这时，雷声隆隆作响，雨点噼里啪啦地落下来。羊诗弟担心地躲在树下，鹿教授却继续做着示范。咔嚓！一道闪电径直击中鹿教授，教授顿时倒在了地上。

鹿教授躺在床上，眼前一片模糊。羊诗弟坐在他身边，拉着他的手。

“羊——诗——弟，是——你——吗？”鹿教授慢慢睁开一只眼睛，缓缓地说道。

“是的，是我。”羊诗弟把湿毛巾敷在鹿教授的额头上，“你刚才昏过去了。”

“没有关系。”鹿教授慢慢睁开另一只眼睛，虚弱地说，“为什么你不赶紧去训练？”

“你还在生病呢！”羊诗弟担心地说。

鹿教授虽然无精打采，但他还是微微笑了笑，“虽然我躺在床上，但是训练还是要继续进行的！我们可以在家里训练嘛！”

羊诗弟怕把教练家里的东西弄坏，他挪开了桌椅，拿走了餐具，然后把书和酒杯都放到一边，把望远镜放进柜子里。屋子收拾干净了，羊诗弟开始练习助跑。

“很好！”鹿教授称赞道。他靠着枕头，把身子稍稍挪正了些，“现在让我看看你的跳跃技巧吧。”

羊诗弟快速地移动双脚，做好准备。

“展示一下，如何跳……阿嚏！”鹿教授被羊诗弟扬起的灰尘弄得打了个喷嚏。

“腾空的时候，双脚要向前。”鹿教授纠正道。

鹿教授的眼睛越来越沉，头也越来越重，终于，他倒在枕头上。训练不得不中断了。

鹿教授一直都昏昏沉沉的。为了尽快恢复训练，鹿教授喝了许多蜂蜜茶，嚼了很多柠檬片。躺在床上，他幻想着羊诗弟做出了完美的跳跃。

星期三，鹿教授感觉好些了。虽然浑身无力，但是鹿教授还是出门了。

外面阳光明媚，朱小美、猬小弟和羊诗弟正在一起玩捉迷藏呢。

“我在这里，快来，快来吧！”猬小弟喊道。

“抓不到我，抓不到我！”朱小美一边跑一边喊。

羊诗弟蒙着眼睛，挥舞着他的双手，在草地上跑来跑去。

眼看羊诗弟就要抓住朱小美了，朱小美灵巧地一闪，躲了过去。羊诗弟一把抓住了摇摇晃晃的鹿教授。

“鹿教授！”羊诗弟揭开眼睛上的布条，高兴地喊道，“你的病好了吗？”

“已经完全好了。”鹿教授很高兴，他的学生没有因为错过训练而伤心。

“接下来我们该训练什么呢？”鹿教授问道。

“我……我之后就再没练习过……”羊诗弟小声地说。

“什么？！”鹿教授惊呆了。

“我不是故意的。”羊诗弟愧疚地说完，就嘿嘿一笑，继续蒙上自己的眼睛，跑去跟小伙伴们一起玩耍了。

这对于鹿教授来说简直就是晴天霹雳，鹿教授呆呆地站在那里，气得流下了眼泪。

“羊诗弟怎么能这么做？”鹿教授哭着说，“他能成为冠军的啊，而我也能成为一流的教练！我的公式会被写进书里！现在一切都不可能了。

伤心过后，鹿教授想起自己之前想象过的训练教程——快速助跑，羊诗弟跳出了理想的角度，完美地腾空——轻盈地，自由地，就像一只蝴蝶。

“在花朵上飞过，多么愉快……”扑通一声，鹿教授突然两腿一软，一下子摔倒，回到了现实。

鹿教授深深地吸了一口气，说："虽然没有把羊诗弟训练成跳远能手，但我应该是一个好教练！"

俄罗斯聪明玛莎出版社
北京开心球动漫技术有限公司 编著

世界真奇妙 阅读书系

农夫熊的蜂箱

遵守承诺 是美德

刘艺阁 译

中国人民大学出版社
· 北京 ·

目录

CONTENTS

人物介绍

喜欢运动和探险，爱吃胡萝卜

一只淘气、多嘴的兔子。活泼好动，充满活力，是个乐天派，和猬小弟是最好的朋友。

喜欢收藏各种东西，喜欢看书

这只小刺猬善良、有礼貌、乐于助人、有一点儿害羞。他总是不慌不忙，外表很温柔，内心很勇敢。

爱漂亮，喜欢幻想，喜欢收礼物

可爱迷人的女孩，爱吃甜食，爱漂亮。经常鼓舞其他开心球去完成重要的事情，喜欢得到赞美。

喜欢文学、诗歌和艺术

开心球中的著名诗人，非常敏感。一直在寻找灵感，散发着忧郁而浪漫的诗人气息。

热爱科学、读书和美食

很有才华的科学家，生活中有点儿笨手笨脚。对待任何问题，他都会在自己的藏书中寻找科学的答案。

喜欢烹饪，关心大家的健康

乐于助人、充满爱心的奶奶。随时带着医药箱，经常给别人看病，倡导健康的生活方式。严厉但很公平。

喜欢旅行，热爱戏剧和音乐

年长的绅士，伟大的旅行家。是个讲故事的能手，有艺术家气质，有一点儿爱吹牛。

喜欢种植，爱吃蜂蜜

温顺憨厚，不善言谈，整天都在地里干农活：耕地、除草、灭虫……他种的蔬菜长得非常棒！

热爱发明，擅长机械，敢于冒险

自学成才的发明家，能将一堆金属碎片变成神奇的机器。喜欢开飞机，经常冒出奇怪的想法。

聪明绝顶，喜欢探索太空

平博士创造出来的机器人，拥有超强的学习能力，不会说话，但可以发出电脑声波传达信息。

农夫熊的蜂箱

遵守承诺是一种美德。

这是一个秋天的夜晚，风呼呼地刮着，大雨下个不停。兔小跳和猬小弟坐在屋子里，一边喝茶一边聊天。突然，砰的一声，门被撞开了，把他俩吓了一跳。

“是谁啊？”兔小跳回头看向门口。

“是农夫熊。”猬小弟叫道。

农夫熊摇摇晃晃地走进屋里，他浑身湿透了，看上去十分疲惫。

他艰难地挪到桌子旁，咚的一声，直接倒在地上，桌子上的碗碟也被震得叮当作响。兔小跳手一抖，杯子里的茶也洒了出来。

“农夫熊怎么了？他一个星期前就该冬眠了。”兔小跳把农夫熊拽到床上，让他躺下，“真是的，今年又拖到这么晚了！”

“蜂箱，我的蜂箱！”农夫熊挥舞着手，挣扎着想从床上爬下来，“我还没刷完蜂箱呢！”

“你现在需要睡觉，至少要睡三个月。”兔小跳用力按住农夫熊。

“不行，蜂箱不刷会坏的。等冬天过完，蜜蜂飞回来时就麻烦了。”农夫熊说道。

“我们绝不会让蜂箱坏掉的！”兔小跳向农夫熊保证，“我和猬小弟比你刷得更快更好！”

“对！”猬小弟点点头，让农夫熊放心。

“谢谢你们，我知道你们是最靠得住的朋友。”话音刚落，农夫熊就倒头睡着了。

当你遇到困难时，如果能有朋友在你身边关心你、帮助你，那就是最幸福的事。

第二天一大早，猬小弟提着满满一桶油漆，兔小跳拿着一把刷子，两人信心十足地向养蜂场走去。

“不就是刷几个箱子嘛。”兔小跳兴奋地说个不停，“我三下五除二就刷好……”

“啊！”还没等兔小跳说完，猬小弟突然大叫一声，手里的油漆桶也掉到了地上。

只见他俩的面前，密密麻麻地排列着数不清的蜂箱。

兔小跳把刷子放进桶里，说：“要不还是明天吧，我突然想起我今天还有急事。”

猬小弟立刻表示赞同：“我好像也有事情急着要做。”

他俩用大叶子把油漆桶盖好，转身离开了养蜂场。

秋天和冬天在忙碌中匆匆结束了，温暖的春天来临了。兔小跳和猬小弟懒洋洋地躺在绿草地上，望着天上飘浮的云彩。

“快看啊，那朵云看上去像个土豆。”猬小弟笑着说。

“不对。”兔小跳摇摇头说，“嗯……它更像一只大蜜蜂！”

“应该问问农夫熊，他一定会……”猬小弟刚说到一半，突然跳起来瞪着兔小跳。

兔小跳也猛地起身，他俩一起大喊：“农夫熊！蜂箱！”

兔小跳和猬小弟赶紧朝养蜂场狂奔。

一转眼的功夫他们就冲进了农夫熊的院子。农夫熊还在沉睡。谢天谢地，还来得及。

“放心，蜂箱不会有事的。”兔小跳嘟囔着，试着把变干变硬的刷子从油漆桶上扯下来，“没准儿连刷都不用刷……”

但是，当兔小跳亲眼看到一排排破破烂烂的蜂箱时，他的幻想瞬间破灭了。

“没关系，等我们刷完漆，这些蜂箱就会和新的一样了。”兔小跳给自己打气加油。他用刷子蘸了点儿油漆，开始刷蜂箱。

咯吱吱……蜂箱开始歪斜，哗啦一声，蜂箱一下子散了架。随后，所有的蜂箱就像多米诺骨牌一样，接二连三地倒了，发出一连串噼里啪啦的声音！

兔小跳转头往屋里看了看，农夫熊还在打着呼噜。

“你说农夫熊什么时候会醒过来？”兔小跳问猬小弟。

“不知道。”猬小弟回答，“不过他随时都可能醒过来。”

他俩连一秒钟都不敢耽误。猬小弟跑去捡木板，兔小跳跑去找工具。几分钟后，兔小跳开始刨木板，猬小弟则负责把刨好的木板钉在一起。

很快，一个新箱子做好了。兔小跳得意地看着自己的作品。

猬小弟看着歪歪扭扭的箱子，说出了自己的担心：“我认为，这不是蜂箱，蜜蜂们恐怕不会喜欢这样的新家。”

“蜜蜂好像不会在乎把蜂蜜放在什么样的箱子里吧。”兔小跳安慰猬小弟说，“我们答应过农夫熊要保护蜂箱，说到就一定要做到！”

“这好像是你答应的事。”猬小弟小声地反驳他。

“好了，别啰嗦了！”兔小跳冲他摆摆手，“咱们没时间了，农夫熊快醒了！”

这时，农夫熊的呼噜声突然停了下来，像是在配合兔小跳的话一样。

兔小跳和猬小弟决定分头行动。猬小弟跑到屋子里，轻轻拍拍农夫熊，让他继续睡。兔小跳则抓紧修理剩下的蜂箱。

兔小跳不时地往窗户里张望："农夫熊怎么样了？"

"似乎睡得不太安稳。"猬小弟回答，"他已经睁开两次眼睛了。"

看来，他俩还得再想别的办法！

兔小跳冲进了巧老师的家。

“巧老师，你这里是不是有帮助睡眠的茶？”兔小跳顾不上和巧老师打招呼，直接打开了柜子，“猬小弟做噩梦了，怎么也睡不着觉。”

他把助眠茶拿出来，然后急匆匆地跑了。

猬小弟正急得团团转，在20分钟内农夫熊睁开了40次眼睛！他马上就要醒了！

兔小跳飞快地把一个漏斗插进农夫熊的嘴里，指着助眠茶，对猬小弟说：“快点儿倒！”

喂完了茶，兔小跳和猬小弟又开始继续干活儿。

“农夫熊马上就要醒了！”一想到这儿，他俩就十分不安，干活儿的速度整整比平时快了三倍。

在他俩的努力下，修好的蜂箱数量不断增长。

终于，所有的活儿都干完了。

就在这时，门吱呀一声开了，农夫熊出现在门口！他舒服地打着哈欠，伸着懒腰，揉着眼睛，看上去心情很好！

“真是奇怪！”农夫熊说，“今年我怎么睡过头了，往年我都是两三天前就醒了。”

农夫熊醒来的第一件事就是去养蜂场，查看自己的蜜蜂。

“我觉得我们该撤了。”兔小跳赶紧把猬小弟拽走了。

睡了整整一冬天的农夫熊两眼模糊地走近蜂箱，微微眯起眼睛查看，他觉得蜂箱的油漆像刚刚刷过的。

“太好了……”农夫熊长长地吁了一口气。

要知道，冬眠的时候，他总是梦见兔小跳和猬小弟忘了刷蜂箱。

“谢谢你们！”农夫熊非常高兴，“我就知道，你们是最靠得住的朋友。”

农夫熊抬头看着太阳大喊：“喂——蜜蜂，来呀，快回来吧！”

很快，远处传来低沉的嗡嗡声，天空中慢慢出现了一个小黑点。黑点越来越大、越来越大，最后变成一大团发着嗡嗡响声的乌云。

几只蜜蜂飞到蜂箱前，轻轻一撞，哗啦，蜂箱散架了。

嗡嗡嗡——嗡嗡嗡——蜜蜂们发怒了，它们聚集在一起，飞快地向地面俯冲下来。

蜜蜂像一颗颗小炸弹，冲向蜂箱。

啪！噗！哗啦啦！

瞬间所有的蜂箱都散了架，扬起了一团团灰尘。蜜蜂们却没有停止进攻。他们怒气冲冲地朝着农夫熊飞去。

“蜜蜂蜇人了，啊——”农夫熊大声呼喊，一溜烟地跑了。蜜蜂紧紧地跟着他。

就在这时，兔小跳和猬小弟正悠闲地坐在草地上聊天。

“你看，我们已经帮农夫熊把活儿都干完了。”兔小跳说。

“就是，他醒来发现一切都准备好了该多高兴啊。”猬小弟也很高兴。

“最重要的是，我们履行了我们的承诺，有没有奖励我倒不在乎。”

“兔小跳！猬小弟！”一阵叫喊声打破了寂静，“你们怎么能……怎么能这样？你们也太……”等农夫熊终于明白自己被蜜蜂蛰的原因之后，他生气地朝着兔小跳和猬小弟跑去。

蜜蜂们也飞得很快，他们离兔小跳和猬小弟越来越近，准备给他俩颁发“不守承诺奖”。

胡迪尼的秘密

魔术师给大家带来惊喜。

“今晚你将欣赏到无与伦比的魔术盛会！最伟大的魔术师带着最神奇的魔术来到了甘菊庄园！”

羊诗弟正在画宣传海报，海报上画的是戴着礼帽、穿着斗篷的大嘴叔。

为什么大嘴叔以前没有表演过魔术？我不知道，也没有人知道，最重要的是他现在要给我们表演一场精彩的魔术！

“接下来为大家表演的魔术是——大锯活人！”大嘴叔大声宣布道，“我要邀请观众席上一位迷人的小姐来配合我表演！”

“我！我可以上去吗？”一只粉红色的小手高高举起。

还没等到魔术师邀请，朱小美就迫不及待地跳上了舞台。

“小姐，你的胆量使我们大为震惊。”大嘴叔舞动着黑色的斗篷说道。

这时，一个巨大的木头箱子被缓缓地推到了舞台中央，朱小美爬进箱子，转身躺了下来。大嘴叔砰的一声合上了盖子，观众席发出一阵惊呼声。

大嘴叔在箱子上做了几个优雅的魔术手势，然后拿出了一把大铁锯，一下子把装着朱小美的箱子锯成了两半！

大嘴叔慢慢走到木箱旁，打开了侧面的一个小窗户，里面有一张微笑着的小脸正眨着眼睛向大家打招呼呢！

“我觉得一点儿也不疼！”朱小美笑嘻嘻地说。

大嘴叔又走到箱子旁边做了几个魔术手势，再把锯成两半的箱子慢慢合到了一起。箱子打开后，朱小美从里面蹦了出来，她看起来安然无恙。

“太棒了！棒极了！”观众席上的欢呼声经久不息，观众们的手掌都拍红了。

朱小美觉得自己真是太幸福了，她得到了那么多的鲜花和掌声，还有那么多双闪闪发亮的眼睛在看着她。朱小美还向魔术师大嘴叔索要了签名，她要把这个签名好好保存。

表演结束了，没有一个观众愿意离开。大家都在期待着大嘴叔给他们表演更精彩的魔术，遗憾的是他们并没有等到。

随后，大嘴叔走进化妆室，疲惫地坐在镜子前。

“今天的表演真是太精彩了！”羊诗弟一边兴奋地说着，一边把鲜花插进花瓶里。

“唉……”大嘴叔叹了口气，“是的，特别精彩，所有人都很满意，除了我自己……”

羊诗弟惊讶地看着魔术师，他还从没看过大嘴叔如此疲惫沮丧的样子。

“您有什么不满意的？”羊诗弟拿起软毛刷，开始清理大嘴叔的礼帽。

“观众们那么相信我，我真希望能真正用自己的才能完成一场精彩的表演！”大嘴叔用低沉的声音说出了自己的烦恼。

“很久很久以前，有一个伟大的魔术师叫胡迪尼，他最有名的是逃脱魔术。表演时，他被捆起来放进麻袋里，然后……”大嘴叔停顿了一下，“再放到箱子里。人们用锁链把箱子牢牢地捆好，再用绳子吊到半空中。过几分钟之后，人们弄断绳子，箱子就会落到下面燃烧着的尖木桩里。”

“尖木桩？燃烧着的尖木桩？”羊诗弟听得入神，刷礼帽的手越来越快，劲儿也越来越大……

哧的一声，羊诗弟把帽子戳了一个洞！这可是魔术师心爱的礼帽，糟糕！羊诗弟赶紧把礼帽藏到了背后。

“最后，胡迪尼出现在舞台上，就好像什么事情都没发生过一样。”大嘴叔继续说道，“到现在都没人知道，胡迪尼是如何完成这个魔术的。我想重现这个精彩的魔术表演！”

说干就干，第二天大嘴叔就开始着手准备这个令人惊恐的魔术，羊诗弟也过来一起帮忙。他们打算在一天的时间内搭建出一个“恐怖舞台”。幸运的是，他们在垃圾场里找到了表演需要的所有机械设备。

“尖尖的，尖尖的！”羊诗弟一边用刀削着木头，一边不停念叨着，“要削得特别特别尖。”

终于，所有的工作都完成了，舞台的效果比想象中的更加恐怖！大木箱晃晃悠悠地吊在空中，发出嘎吱嘎吱的声音。箱子下方，又尖又利的木桩一根根笔直地立着。

大嘴叔一个人坐在观众席上，静静地把整个魔术表演的过程在脑海里过了一遍。“明天就能知道结果了。”他想，“魔术会大获成功，还是……”

接下来的事情，他决定不继续往下想了。

表演马上就开始了，大嘴叔从椅子上站起来，准备走上舞台。羊诗弟想到尖木桩，忍不住担心地问道：“您确信您已经解开了胡迪尼的秘密？”

“我可爱的羊诗弟，没有任何事情是可以完全肯定的。”大嘴叔继续往外走。

“我们不能失去您！”羊诗弟突然哭喊起来，一把抓住了大嘴叔。

大嘴叔非常感动：“谢谢你，羊诗弟，你是我最得力的助手！”

“也许……”羊诗弟抽泣着，用期待的目光看着魔术师，“您可以告诉我这个魔术表演的秘密，以免出现问题。”

大嘴叔惊讶地看着羊诗弟，真正的魔术师是从来不会告诉别人自己表演的秘密的，即使是自己最亲密的助手！

“观众还等着我们呢！”大嘴叔严肃地说，然后一步一步走上了舞台。

观众席上，大家正在愉快地吃着爆米花，小声议论着将要开始的表演。大嘴叔清清嗓子，用充满魔力的声音说道：“今天要带给大家的，是一个勇敢者的魔术！”

观众席顿时安静了。大嘴叔介绍了魔术的内容，大家都没说话，只有朱小美失望地嘟囔着：“什么啊，原来今天不表演大锯活人啊！”

“当沙漏里最后一颗沙粒落下的时候，刀子就会割断吊着木箱的绳子，我要在那之前，逃脱出来。”大嘴叔一说完，大幕就拉开了，展现在观众面前的是一幅恐怖的景象——火焰在舞台上熊熊燃烧，大嘴叔挥动着翅膀缓缓上升。

大嘴叔站在舞台的最高处，在他下面是烧得嘶嘶作响的尖木桩。大嘴叔朝下看了一眼，他的朋友们都变成了一个个小圆点，紧张得一动不动。

“我一定要完成这个表演！”大嘴叔在心里说道，然后慢慢转身，走进了大木箱里。

就在这时，羊诗弟把沙漏翻转过来。装着大嘴叔的大木箱缓缓下降，越来越低，越来越低……突然机器停住了，大木箱正好悬停在熊熊燃烧的尖木桩上。

观众都紧张得发起抖来，朱小美吓得闭上了眼睛，农夫熊使出全身的力气，紧紧抓住猬小弟，不让自己尖叫出声。

啪！第一根绳子断了！紧接着是第二根、第三根……大木箱上只剩下最后一根细绳了，箱子在恐怖的尖木桩上面晃动，摇摇欲坠！

沙漏里的最后一点儿沙子流尽了，刀光一闪而过，最后一根绳子也被割断，装着大嘴叔的木箱坠入了火海中！火柱冲天而起，火花四溅。

大嘴叔呢？巧老师简直不敢相信眼前发生的一切，她崩溃地大哭起来。鹿教授紧紧抓着自己的鹿角，朱小美也放声痛哭。

就在大家伤心难过的时候，在深蓝的夜空中，在明亮的星光下，大嘴叔又出现了。他面带微笑，看上去什么事也没有发生！大嘴叔得意极了，他相信当他再次出现时，迎接他的将是雷鸣般的掌声和欢呼声。

“大嘴叔！为什么要这么吓唬我们？！”

“就是，差点儿把我吓死了。”

大嘴叔惊讶地看着朋友们——朱小美哭成了泪人，巧老师在发脾气，农夫熊不满地把头转向一边，鹿教授则双手叉腰说：“我再也……不和你说话了。”所有人都很生气。

“嘿，朋友们，不用担心，这只是个魔术而已。”大嘴叔不好意思地向大家耐心解释道。

“大师！”在化妆间里羊诗弟好奇地问大嘴叔，“您为什么告诉大家您根本没进到那个木箱子里呢？我明明看见您就待在里面！”

大嘴叔一边擦着自己眼皮上的黑色颜料，一边回答道：“因为无论我们取得什么样的成功，都不应该让亲人和朋友担心，给他们带来痛苦。最好还是不让他们知道我们到底做过些什么……”

化妆室的门被打开了一道小缝儿，一颗粉红色的脑袋探了进来。

“大嘴叔，你能不能再表演一次大锯活人的魔术？我特别喜欢那个魔术！”朱小美害羞地请求道。

“为什么不可以呢？”大嘴叔高声回答，一把抓过自己的大礼帽。

他走向舞台，心中充满了幸福的感觉。能够给人们带来惊喜，这不就是一个真正的魔术师的追求吗？

智慧盛典

智慧是最吸引人的魅力。

在甘菊庄园里，一周中最美好的一天就是星期天。这一天可以睡懒觉、玩耍、做运动，也可以什么活儿都不干。不过，鹿教授却是个例外。他不停地工作，搞研究、计算数据、做笔记……对他来说，根本就没有星期天。

朱小美知道鹿教授很忙，经常帮他干些家务活儿。每个星期天的早上八点，她都准时来到鹿教授家，帮他打扫房间。

鹿教授正准备写一本书。他喝完茶，打开电脑，却开始下载游戏。

“玩一会儿再开始工作。”鹿教授一边想着，一边按下了“开始”键。

“花边蝴蝶结正在流行……”朱小美打开了收音机，收音机里正在讲时尚方面的新闻，非常有趣，不过很快就播完了。

“接下来我们说说今年最佳发明奖的获奖名单……”

“谁会对这个感兴趣？这些奖项究竟有什么用？”朱小美啪的一声关上了收音机。鹿教授的游戏正玩到最关键的时候，电脑屏幕上的兔子准备跨越最后一个障碍。

“怎么没有用？！”鹿教授顾不上玩游戏，回头看着朱小美，吃惊地说，“每个科学家都梦想着能获得最佳发明奖！获得这个奖就等于向全世界证明了科学家伟大智慧的胜利！”

游戏里的兔子撞到障碍，摔倒了。屏幕上显示出四个大大的红字——游戏结束！

朱小美不明白什么是伟大的智慧，但是她却不敢大声问出来，因为鹿教授突然变得特别激动，他从椅子上跳下来，在房间里不停地走来走去。

“我像你这么年轻的时候，追求过一个女孩，不过她太让我失望了。”鹿教授说道。

“她看上了别人？”朱小美猜测说，“太可怕了！为什么呢？”

鹿教授跑到电脑前，从盒子里拿出一张光盘。

“你知道吗，朱小美……”鹿教授把光盘插入电脑主机，“有人愚蠢地认为，所有的问题都不是通过智慧解决，而是靠鹿角去解决。他们说，鹿角越漂亮就越棒。真是荒谬！”

鹿教授用手敲了下键盘。屏幕上出现了一只鹿，他在欢快的音乐伴奏下疯狂地跳舞。

朱小美一下子就喜欢上了这只鹿。他的鹿角真漂亮呀！但是她不敢把这种感觉告诉鹿教授，因为鹿教授正在生气呢。

“为了改变这种不公平的现象，聪明的人们才设立了最佳发明奖！”鹿教授说完，打开了兔子游戏。

朱小美犹豫了一下，然后小心翼翼地问道："你的鹿角不好看，是吧？"

"这是关于智慧的问题，跟鹿角没有关系！"鹿教授生气地说，"只要你得了最佳发明奖，就说明你是非常聪明的驯鹿，那样的话大家都会爱你，就不会在乎你的鹿角！这就是智慧的胜利！"

“可是你的鹿角真的不好看……”朱小美小声说道，怜悯地看着鹿教授。

鹿教授咬紧了牙：“现在我的鹿角非常棒！如果她看到我现在的样子，她肯定会后悔的。”鹿教授使劲敲了一下键盘。

游戏里的兔子又撞到障碍……鹿教授又输了！

“后来你再也没有见过她吗？”朱小美继续问道。

鹿教授关闭了游戏，从椅子上跳下来。

“我对自己说，我要工作再工作，工作再工作，直到获得最佳发明奖为止！到时候，她就会明白自己当初是错的，然后跑过来求我原谅她！”

鹿教授拿出手帕擦了擦眼睛，再次打开收音机，广播又响了。

“由于对智慧和鹿角之间相互关系的长期研究……”收音机里广播道，“本次最佳发明奖将授予——鹿教授！”

听到这个消息，鹿教授激动地晕倒在地上。

当鹿教授睁开眼睛时，所有的朋友都站在了他面前。

“我们全都知道啦！”巧老师兴奋地说。

“他们邀请你去参加颁奖典礼！”大嘴叔把邀请函在鹿教授眼前晃了晃。

“到时候电视台也会报道，面向全世界播放！”羊诗弟把鹿教授扶起来。

“这不是做梦吧？”鹿教授不敢相信自己的眼睛。他想象着自己登上领奖台的情景，双腿又开始发软。

“我应该准备一下。”鹿教授重新打起精神，“我想让自己看上去既英俊又时尚！这才是真正的智慧的胜利！”

这就开始准备！首先，朋友们把鹿教授吊在单杠上，想把他的后背拉直；然后，他们把他身上的灰尘掸去，让他洗了个热水澡。

鹿教授还特意修了指甲，涂上无色的指甲油。他要用漂亮的双手接受获奖证书！

“你有点儿胖，但是没关系，可以把衣服做得瘦一点儿。”羊诗弟边说边用尺子给鹿教授量尺寸。

量好尺寸之后，巧老师立刻坐在缝纫机旁开始做衣服。

参加颁奖典礼的衣服做好了。鹿教授系上天鹅绒上衣的扣子，戴上假发。

“还是差点儿什么……”大嘴叔心想。然后他跑开了，回来时手里拿着一个盒子，里面装着一个深红色的领结——这是大嘴叔最珍贵的宝贝。

“你可是个名人了！”大嘴叔兴奋地说着，把领结给鹿教授戴上。

“太出色了！”

“太棒了！”

大家后退一步，看着鹿教授，发出一片赞叹声。朱小美激动地喊起来：“她一定会跑来求你原谅她的！”

鹿教授转身看着镜子，自己也愣住了。镜子里的自己才是真正的最有智慧的人！

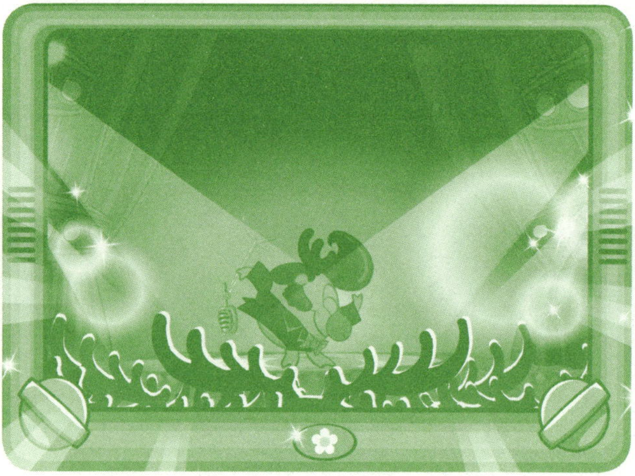

鹿教授一动不动地盯着镜子，突然，他回过头，惊慌地说："鹿角！你们把鹿角忘了！鹿角也应该稍微装扮一下。"

过了一会儿，鹿教授的鹿角就被装扮得像圣诞树，上面什么东西都有！伞、滑雪板、衣架、稻草人手中的木棍、铲子和两个小铃铛……

“怎么样，够多了吧？”农夫熊问。

“再来点儿，再来点儿！鹿角应该特别醒目！”鹿教授着急地跺着脚。

鹿教授一跺脚，两个看上去怪怪的鹿角开始摇晃起来，向右歪，向左歪，往前倒，最后断掉了。

足足五天，鹿教授都没有走出家门一步。朋友们非常担心。举行颁奖典礼的时间马上就要到了，可鹿教授却不肯出门。

“鹿教授，快点儿开门！”朋友们每天都来敲鹿教授家的门。

“我哪儿也不去！”鹿教授回应。

终于，羊诗弟忍不住了：“那智慧的胜利怎么办呢？”

“可是我的鹿角断掉了……”门打开了，鹿教授站在门口。头上原来长着漂亮的鹿角的地方，现在正缠着纱布……

“最佳发明奖和典礼对我来说还有什么用呢？”鹿教授呜咽着说道，“我年轻时确实渴望过这些！但现在……还是让他们把奖项给我寄过来吧！”

说完鹿教授使劲儿地关上了门。

又到了星期天，朱小美像往常一样在鹿教授家打扫卫生。朱小美几次停下手，想问鹿教授些什么，但是都没有说出口。她不想让鹿教授伤心，可是最终还是按捺不住好奇心。

“你没去领奖，是因为不想让她看见你的鹿角吗？”

“她可能已经不记得我了。”鹿教授平静地回答，“就是这么奇怪，我们为了和我们不相干的人拼命干出成绩，而那些真正爱我们的人却根本不在乎我们是否成功，只希望我们快乐。”

鹿教授苦笑着敲了一下键盘，开始玩游戏。电脑屏幕上的兔子一下子跨过障碍，抓住了奖品胡萝卜。鹿教授惊呆了。太棒了！兔子终于胜利了！

俄罗斯聪明玛莎出版社
北京开心球动漫技术有限公司 编著

世界真奇妙 阅读书系

呼噜声里的大能量

善于发现 会创造

刘艺阁 译

中国人民大学出版社
· 北京 ·

目 录

CONTENTS

人物介绍

喜欢运动和探险，爱吃胡萝卜

一只淘气、多嘴的兔子。活泼好动，充满活力，是个乐天派，和猬小弟是最好的朋友。

喜欢收藏各种东西，喜欢看书

这只小刺猬善良、有礼貌、乐于助人、有一点儿害羞。他总是不慌不忙，外表很温柔，内心很勇敢。

爱漂亮，喜欢幻想，喜欢收礼物

可爱迷人的女孩，爱吃甜食，爱漂亮。经常鼓舞其他开心球去完成重要的事情，喜欢得到赞美。

喜欢文学、诗歌和艺术

开心球中的著名诗人，非常敏感。一直在寻找灵感，散发着忧郁而浪漫的诗人气息。

热爱科学、读书和美食

很有才华的科学家，生活中有点儿笨手笨脚。对待任何问题，他都会在自己的藏书中寻找科学的答案。

喜欢烹饪，关心大家的健康

乐于助人、充满爱心的奶奶。随时带着医药箱，经常给别人看病，倡导健康的生活方式。严厉但很公平。

喜欢旅行，热爱戏剧和音乐

年长的绅士，伟大的旅行家。是个讲故事的能手，有艺术家气质，有一点儿爱吹牛。

喜欢种植，爱吃蜂蜜

温顺憨厚，不善言谈，整天都在地里干农活：耕地、除草、灭虫……他种的蔬菜长得非常棒！

热爱发明，擅长机械，敢于冒险

自学成才的发明家，能将一堆金属碎片变成神奇的机器。喜欢开飞机，经常冒出奇怪的想法。

聪明绝顶，喜欢探索太空

平博士创造出来的机器人，拥有超强的学习能力，不会说话，但可以发出电脑声波传达信息。

呼噜声里的大能量

开动脑筋，一定能解决问题。

对猬小弟来说，周末一向是最美好的，可这个周末却不怎么样，因为他要大扫除！他上个星期、上上个星期、上上上个星期……都没打扫卫生！

幸好，兔小跳来帮忙了。

“猬小弟，你家怎么堆了这么多没用的东西啊？”

“谁说它们没用啊？都有用呢。”猬小弟一边拍打着脏地垫，一边不紧不慢地说。

“阿——阿嚏！猬小弟，你这儿可真脏。”灰尘让兔小跳的鼻子很不舒服，“这儿有一把小号，有用吗？”

“当然有用啦。”

兔小跳用力一吹，小号里居然跳出一只青绿色的蜘蛛。兔小跳吓得把小号扔了出去，扑通——小号掉进了猬小弟家门前的小溪里。

“真可惜，小号还能吹呢。”猬小弟有点儿不开心。兔小跳又捡起了一样东西，“这儿有个灯泡，说不定还能亮呢。”

“太好啦！”猬小弟高兴起来，那可是他收藏的宝贝中特别重要的一件藏品呢。

“咱们把这个灯泡点亮吧！”兔小跳一刻也闲不下来，“你这儿有电吗？”

“没有。”猬小弟摇摇头。

“那咱们去找平博士吧，他那儿肯定有！”

平博士家门口有一台大机器正轰隆隆地响着，一只机械手不紧不慢地将木头锯成一段一段的木柴，另一只机械手将锯好的木柴投进烧着火的大铁炉里。

“哇，平博士，您这是在做实验吗？”两个小伙伴好奇地问。

“对呀，别忘了，我是个发明家哦。这是一项严肃的实验。”

平博士站在“大家伙”旁边，边在笔记本上写写画画，边自豪地说：

“这是我发明的永动机。先让木柴燃烧，产生能量，再用产生的能量锯断木柴，再把锯好的木柴投进机器里燃烧产生能量……这样循环下去，机器就能永远运转下去了。”

忽然，“大家伙”生气了。它不停地抖动着，机械手一把抢过平博士的笔记本，要把它“吃”进火炉里。

平博士吓了一大跳，死死抓住笔记本不放。

幸好，“大家伙”只抢走了平博士笔记本的封皮儿。

吁——博士长出了一口气，赶紧在已经破了的笔记本上修改了几个数字。

兔小跳和猬小弟也吓懵了，赶紧躲到了一边，对这个“大家伙”又害怕又好奇。

“平博士，这个大家伙能发电吗？”

“不能。除了不停地运转，它什么也干不了。”平博士有些尴尬，又问，“你们要电做什么呢？”

兔小跳拿出灯泡，说：“我们想让它亮起来。”

“这是个好东西。”平博士说着，转身进了自己实验室的仓库。

兔小跳和猬小弟高兴极了，平博士一定是想出了好办法！

没过一会儿，一个全新的发明就从平博士的实验室出现了。

“这是发电机，是由螺旋桨、电路、齿轮和灯座做成的。”平博士得意地说，“风吹动螺旋桨，螺旋桨就会转起来，风的能量就会变成电能。”

平博士把灯泡安在灯座上，接着说道：“看，灯泡就要亮啦。”

“可是，灯泡并没有亮啊。”猬小弟和兔小跳盯着灯泡，满脸困惑。

“现在当然不会亮。”平博士依然信心满满地说，“等有了风，螺旋桨转起来，灯泡自然就会亮啦。”

“也许没风也能行呢。”闲不住的兔小跳麻利地拆开了螺旋桨。

“看，螺旋桨锈住了，难怪它不动呢。”平博士赶紧拿来了一个油壶，给螺旋桨的各个部位都滴了几滴润滑油。

“看我的！”兔小跳使劲儿地转动螺旋桨，一下，两下，三下……

完美！灯泡亮起来啦！

螺旋桨转得越来越快，产生了很强的风力，平博士和猬小弟被风吹得闭起了眼睛。

渐渐地，螺旋桨越转越慢，平博士和猬小弟睁开眼睛，发现兔小跳被螺旋桨甩到了天上。

“啊——好疼！”从天而降的兔小跳掉在了猬小弟长满刺儿的背上，大叫着又一次跳了起来，这一次，他重重地落到了灌木丛里。

“用手转螺旋桨太危险了，还是有风好。”兔小跳苦着脸，揉着屁股说，“可是，风到底去哪儿了呢？”

“风停了，不过别着急，”平博士一边往实验室走，一边大声地说，“地球是圆的，风迟早会来的，等着瞧吧。”

兔小跳和猬小弟傻傻地站在平博士的门口，不知怎么办才好。

“我有办法了！”兔小跳一下子跳起来，“咱们给地球挖个洞，风不就回来了吗？”

“你真是太聪明了。”猬小弟说干就干。

两个小伙伴干劲儿十足地挖起洞来。

没挖一会儿，巧老师来了……

巧老师生气地说："你们疯了吗？你们以为你们可以把地球挖穿吗？这是白费力气！你们赶快出来。"

老天爷像是配合巧老师似的，马上起了一阵大风，接着，暴雨来了。刚挖的洞里立刻积满了水。

简直太糟糕了！

湿漉漉的兔小跳和猬小弟狼狈地从坑里爬了出来。

“巧老师，我们怎么才能把风请出来呢？真希望螺旋桨快快地转起来。”猬小弟小声地问。

“我试试吧。”巧老师鼓起腮帮子，对着螺旋桨使劲儿地吹。可是，螺旋桨纹丝不动！

他们决定再找平博士想想办法。

平博士又带着一件发明得意洋洋地从实验室出来了。

“这是太阳能电池。”平博士说，“这次我们不用风能了，用太阳能吧，太阳能也能转化成电能。”

“在太阳底下可不需要灯泡。”兔小跳失望地说，“在黑的地方才需要灯泡呢。”

平博士愣了愣，说：“对啊，那——那咱们就利用夜间的能量试试。”

“可是，”巧老师打断了平博士，“晚上大家都睡觉了。”

猬小弟嘟囔着：“也许，不是每个小朋友晚上都睡得着，尤其是住在农夫熊旁边的话，晚上一定睡不着。农夫熊的呼噜声可是震天响呢。”

“对啊，农夫熊的呼噜声！”平博士眼前一亮，“那可是绝佳的压缩气体，是最强大的能源呢。走，咱们快走。”

平博士带着他的发电机，和兔小跳、猬小弟、巧老师向农夫熊的小木屋走去。

一群人很快就到了农夫熊的家门口。他们把发电机放在农夫熊卧室的窗前。

农夫熊的呼噜可真厉害，不只是震天响，还有很大的风呢。

灯泡亮啦！朋友们开心地鼓起掌来。

糟糕！农夫熊像是要醒了。他吧嗒吧嗒嘴巴，含糊地抱怨着：“谁呀，这么晚还闹，哪儿来的光啊，真讨厌！”

“嘘——”他们怕吵醒农夫熊，赶紧压低了声音。

还好，农夫熊翻了个身，又美美地打起呼噜来。

在明亮的灯光下，坐在柔软的草地上，伙伴们开心极了。

兔小跳满意地说：“这个周末的大扫除真不错。看，我们找到了灯泡，而且，灯泡亮了。”

猬小弟也很高兴，看着明亮的灯泡说：“是啊，真不错。下次，下次我们一定能把大扫除做完，等着瞧吧。”

机器人保姆

不管科技多么发达，劳动都是有益的。

小朋友，你帮爸爸妈妈做过家务吗？做饭、洗碗、洗衣服、扫地、整理房间……每天总有做不完的家务，真是太累了。

不过，如果你有一个发明家朋友，也许情况就完全不同了。

兔小跳和猬小弟非常幸运，平博士特意为他们研制出了一个机器人保姆，解决他们的烦恼！

“我们为什么需要机器人保姆呢？”猬小弟对平博士的发明有些担心。

“什么为什么？！”兔小跳不耐烦地跳来跳去，“机器人保姆能帮我们做所有的事情，洗碗、扫地、做饭……所有的事情！”

“你觉得平博士已经把机器人做好了吗？”猬小弟问道。

“当然啦！那没什么难的，我自己都能做。不过我不是工程师，我更喜欢发明。”兔小跳一边说着一边摇头。

平博士的实验室传出机器运转的嗡嗡声，但是平博士却不知道去哪儿了。

“平博士！平博士！”猬小弟大声呼唤着平博士，四处张望，寻找他的身影。

“还在睡觉吗？”兔小跳猜测道。

两个小伙伴跳上了电梯——电梯也是平博士自己敲敲打打组装起来的，是他为数不多的还在使用的发明之一。叮咚——他们到了平博士的房间，里面静悄悄的。

“平博士，起床了！”兔小跳兴奋地扯着嗓子叫喊，一把拉开了冰箱门——平博士一般是睡在冰箱里的。

冰箱里是厚厚的冰凌，扳手放在冒着寒气的枕头下面——一切都和平常一样，只是平博士不见了。

“没人，他能去哪儿呢？”兔小跳觉得很奇怪。

猬小弟看了看四周，发现墙上有一张图纸，上面画着奇奇怪怪的图案。

“听我说，”猬小弟压低声音，轻轻说道，“这里有点儿不对劲。兔小跳，兔小跳……”猬小弟突然说不出话来了，他的好朋友不见了！

这时候，黑暗的角落里响起了令人毛骨悚然的咔咔声。猬小弟的心一下子提到了嗓子眼，他捂住自己的眼睛向大门方向慢慢挪动。

突然，有什么东西猛地拉了一下他的手！“救命啊！”猬小弟大叫起来，猛地放下捂住眼睛的手，一下就看见了……啊？！是兔小跳？！

“平博士消失了！”兔小跳揉揉自己的红鼻子，打开房间门走了出去。

他俩坐电梯下了楼。“这是什么？”地上一个巨大的脚印吸引了猬小弟的注意，这个脚印看上去像是一个庞然大物留下的印迹。

“火星人把平博士抓走啦！”兔小跳大声回答。

仿佛是为了验证兔小跳的猜想，从平博士的仓库里传来一阵嘎吱嘎吱的奇怪响声。

“啊——快逃命啊！”兔小跳尖叫着，拔腿就跑。

“真的是火星人啊！”猬小弟也叫喊着跟在兔小跳身后。

只见一个长着四只长手臂、两只脚，穿戴滑稽的“火星人”正向他们快速走过来。猬小弟灵活地钻进了一个堆放着破铜烂铁的角落，而兔小跳却被钢筋给卡住了。

兔小跳拼命挣脱钢筋，跳到了屋顶上，却又摔了下来。唉，早上就不该吃那么多胡萝卜的！

当兔小跳清醒过来的时候，周围一片漆黑，只有两只恐怖的眼睛正在瞪着自己。但兔小跳可不会轻易被吓倒！他摆出准备格斗的姿势，高声说道："来吧！过来呀！让你见识一下，什么是战神兔子！"

“是我啊，兔小跳！”突然，房间里的灯亮了，兔小跳被光线刺激得闭上了眼睛。等他小心翼翼地睁开眼睛，却看到了平博士！

“平博士！”兔小跳惊呼起来，“我还以为是可怕的火星人！”兔小跳用手指了指门外。

“那是我为你们做的机器人保姆。”平博士小声说道，“它有点儿太殷勤，太爱照顾人了。你们可以把它带走了，我在这里再躲一会儿。”

兔小跳刚想感谢平博士，就听见门外传来了愤怒的吼叫声：“放开我！我不想……我不要！”

“是猬小弟！”兔小跳说。

平博士和兔小跳透过门缝往外看，机器人保姆站在院子里，用两只手抱着猬小弟，另外两只手正一勺勺地往他嘴里喂粥。

“不！救救我！救救……”猬小弟不断地挣扎反抗。机器人保姆换了一种方式，它温柔地抚摸着猬小弟，并用布将他从头到脚包了起来。

“我已经长大了，不需要包这些破布！”猬小弟一口吞下嘴里的粥，生气地叫道。

“我们得帮帮猬小弟，我担心他撑不了太长的时间。”兔小跳着急地说。

“嘿！铁怪物！你不想关心关心我吗？”兔小跳走出仓库，向机器人保姆正式宣战。

机器人保姆松开猬小弟，向兔小跳冲了过来。兔小跳则使出了他的拿手绝活儿——用耳朵把自己挂在了高高的铁管上。机器人保姆一只手砸向铁管，另外一只手去够兔小跳的腿。

平博士在一旁看得心急，为了帮朋友，他只好加入了战局中。

机器人保姆显然比自己的制造者聪明多了，它从仓库的另一边绕了进去，顺利地抓住了平博士。

“帮帮……”平博士的话还没说完，就被一个奶嘴塞住了嘴，双手也被布紧紧地包在一起，看上去就像是个小婴儿。接下来会发生什么？平博士不敢想象，他害怕极了。

就在这时，从天上掉下了救命稻草——一个钓钩把他从恐怖的机器人保姆的手中解救了出来。

兔小跳和猬小弟拽着钓竿，使出吃奶的劲儿把平博士拉到屋顶。成功了！

“谢谢……”平博士说了一长串含糊不清的话，眼眶好像还有些湿润。

就在这时，不知疲倦的机器人保姆也爬上了屋顶，正一步一步地走近三个瑟瑟发抖的小家伙。

轰隆！屋顶承受不住巨大的重量，一下子被压塌了，所有人都掉进了黑乎乎的仓库里。机器人保姆站了起来，继续向兔小跳他们走去。兔小跳、猬小弟和平博士被逼得缩在了墙角。

“我们完蛋了！”猬小弟知道他们已经无路可退了，他和小伙伴们手拉手，紧紧闭上了眼睛。

就在这时，机器人保姆突然停止前进，然后，只听吱嘎一声，巨大的机器人保姆浑身瘫软地倒在了地板上。

“电池没电了，我们得救了！”平博士欢呼起来。

兔小跳鼓起勇气，走近机器人保姆，用手指戳了一下它。哗啦一声，机器人保姆散架了，变成了一堆破铜烂铁。

“安全了！”兔小跳高兴地宣布。

他们收拾好机器人保姆的所有零件，把它们送到了垃圾站。洗完手，三个人坐在海边，静静地回想着这次闹剧。

“猬小弟，我想了一下，我们要机器人干什么呢，难道我们自己不能做家务吗？”兔小跳问道。

“当然可以了！”猬小弟点点头，“我们也有两只手，可以学习做许多事情。而且，劳动会使人们变得更聪明……”

“对，我们会变得更聪明！”兔小跳接上猬小弟的话。

“这样的结果真的很好。”平博士微笑着总结道。

他们愉快地讨论着怎么才能更快更好地做家务，小伙伴们在海边聊了很久很久……

电　报

相聚可以分享彼此的欢乐。

兔小跳和猬小弟最喜欢去平博士家玩儿。平博士家有个实验室，里面堆满了平博士的各种发明。

这一天，兔小跳和猬小弟正在实验室里东翻西找，看能不能找到什么有趣的东西。

“兔小跳，要不我们去荡一会儿秋千？”纸箱子后面传来猬小弟的声音。

“等会儿，”兔小跳回答，“你最好来看一下这个！”

兔小跳从一堆废金属里吃力地拉出一台带按键的机器。

“这是什么东西？”猬小弟好奇地观察着。

“这是电报机！”平博士突然从一个生锈的桶里钻了出来，“是一种远距离交流的工具。我们把需要发送的信息打出来，然后发出去……”

平博士敲了几下按键，摇了几下手柄，机器发出了轻微的嘀嘀声，然后就安静下来。

“另一台电报机……”平博士又从怀里掏出一台机器，“就可以收到这条信息了！”

嘀嘀！平博士刚刚拿出来的这台电报机发出声音，同时吐出了一条纸带，上面打印着“你好”两个字。小伙伴们惊喜地盯着神奇的机器，一同赞叹：“太厉害了！”

于是，兔小跳和猬小弟各搬了一台电报机回家。

兔小跳在屋子外面噼里啪啦地打出信息，发送出去，然后探起身子大声喊道："收到我发的问候了没有？"

"收到了！"猬小弟高兴地回答，"现在就给你回复！"

"发吧。"兔小跳坐下来，安静地等待回信。

“你好！”楼下传来一个细小的声音，原来是羊诗弟，他顺路来看看朋友们。

“抱歉，羊诗弟，我没时间和你玩儿了。”兔小跳的眼睛一直盯着电报机。

“收到了！”兔小跳突然大喊一声。

“收到什么了？”羊诗弟问。

“猬小弟的问候。”兔小跳回答，“从电报机里发出来的。”

“多方便的东西啊！”羊诗弟非常激动，“我为了跟你说声‘你好’，从家走到这里！我也想要一台这样的机器。”

羊诗弟飞快地跑到平博士那儿，要了一台电报机。在回家的路上，他忍不住向正在路边采蘑菇的巧老师炫耀了一番。

消息就这样传开了！

大家为了得到电报机，在平博士家门口排起了长队。可怜的农夫熊好不容易才弄到了最后一台神奇的机器！

这下大家可以尽情聊天了。不用出门，只需要按下按键，就能把信息发送到不同的地方。

神奇的机器能搞定一切！多幸福的生活啊！

大事不好了！兔小跳在给鹿教授发送问候时，忙碌的电报机哗啦一声散架了！

兔小跳吓坏了，他抱起散架的电报机，飞快地向平博士家跑去，一路上嘟囔着：“但愿能修好！一定要修好啊！”

幸运的是，平博士正好在家。

“平博士！我的电报机坏了！快帮帮忙吧！”兔小跳气喘吁吁地说。

平博士仔细地看了看散架的机器，摇摇头说：“已经修不好了！”

“那，再给我另外一台吧！”兔小跳哀求道。

“没有了。”平博士摆了摆手。

“那我现在怎么再和其他人联系呀？”兔小跳垂头丧气地说。

平博士把扳手抛向空中，又熟练地接住，微微一笑道：“像以前一样！用语言和动作啊！”

兔小跳闷闷不乐地往家走。周围全是电报机收发电报的嘀答声，小伙伴们都在聊天，只有他没法加入。如果朋友给他发来问候，他也收不到，不能回复……

兔小跳恼火地踢了一下滚到脚边的松果。一个漂亮的三百六十度旋转之后，松果正好飞进树洞里。太棒了！可惜没有谁能听他来炫耀。

兔小跳突然想起来，好久没有和猬小弟一起玩儿了！他不知不觉来到了猬小弟的房前。

“猬小弟！”兔小跳叫道，“我们一起去荡秋千吧！”

猬小弟从窗户里探出头来，他的头上缠满了电报纸。

“不……我不能去，我们正聊着呢……你为什么不给我回复信息呢？我给你发送了那么多信息！”

兔小跳不愿意承认自己没有电报机了：“我玩儿腻了！有时候也想一个人单独待一会儿……”

“好吧……那你就一个人待会儿吧。什么时候想联系我，就给我发电报吧！”话音一落，猬小弟就消失了。

兔小跳一个人孤独地回家了。

“兔小跳，大家都去哪儿了？”大嘴叔出现在兔小跳面前。

“都在家里聊天呢。”兔小跳回答。

“什么意思？”

“借助电报机，大家可以在各自的家里相互聊天。”

“一个人待着有时并不是什么好事。”大嘴叔疑惑地说道。

“确实不好。但是我的电报机出问题了，我现在不得不一个人待着。”兔小跳叹了口气。

“你走运了！”大嘴叔终于明白是怎么回事了，“现在需要把其他人拯救出来！

你走运了！

各家的窗户里还在不停地传出电报机工作的声音，大家还在忙着收发电报。

巧老师煮的粥溢出来了两次；鹿教授连吃饭也抱着电报机，按键都磨光滑了；朱小美直接把电报机放在了床上，以便晚上睡觉的时候能及时回复好友……

但是，有一天夜里，所有的电报机一下子全坏了，谁也不知道到底是怎么回事。

第二天清早，大家都聚集在平博士那儿，愁眉苦脸地看着院子中间堆放的坏机器。

鹿教授忍不住第一个开口说：“我们失去的是可以隔着距离把我们联系在一起的工具！”

“我还有很多话没有来得及说呢！”羊诗弟低声说道。

“它们全都坏掉了！”巧老师强忍住不让自己大哭出来。

“是啊，多么可怕的损失啊！现在又需要到朋友家去做客，看着对方的眼睛和笑容，面对面地说话，大家一起放声欢笑……”大嘴叔停顿了一下，接着说道，“我们要怎么承受这些呢？”

大家都沉默不语。

巧老师第一个抹去眼泪："这样吧，大家都到我那儿去！我家有新鲜的果酱！"

听到巧老师这么说，大家一下子都高兴起来："太棒了！我们走吧！"

兔小跳和羊诗弟在快乐地荡着秋千。太阳温柔地照耀着他们，微风轻轻地吹拂他们的脸颊……

“这样真好啊……”兔小跳陶醉地说道。

“是啊，这样真好……”猬小弟愉快地回答。

俄罗斯聪明玛莎出版社
北京开心球动漫技术有限公司 编著

世界真奇妙 阅读书系

遗失的道歉

珍惜友谊 朋友多

刘艺阁 译

中国人民大学出版社
· 北京 ·

目 录

CONTENTS

人物介绍

喜欢运动和探险，爱吃胡萝卜

一只淘气、多嘴的兔子。活泼好动，充满活力，是个乐天派，和猬小弟是最好的朋友。

喜欢收藏各种东西，喜欢看书

这只小刺猬善良、有礼貌、乐于助人、有一点儿害羞。他总是不慌不忙，外表很温柔，内心很勇敢。

爱漂亮，喜欢幻想，喜欢收礼物

可爱迷人的女孩，爱吃甜食，爱漂亮。经常鼓舞其他开心球去完成重要的事情，喜欢得到赞美。

喜欢文学、诗歌和艺术

开心球中的著名诗人，非常敏感。一直在寻找灵感，散发着忧郁而浪漫的诗人气息。

热爱科学、读书和美食

很有才华的科学家，生活中有点儿笨手笨脚。对待任何问题，他都会在自己的藏书中寻找科学的答案。

喜欢烹饪，关心大家的健康

乐于助人、充满爱心的奶奶。随时带着医药箱，经常给别人看病，倡导健康的生活方式。严厉但很公平。

喜欢旅行，热爱戏剧和音乐

年长的绅士，伟大的旅行家。是个讲故事的能手，有艺术家气质，有一点儿爱吹牛。

喜欢种植，爱吃蜂蜜

温顺憨厚，不善言谈，整天都在地里干农活：耕地、除草、灭虫……他种的蔬菜长得非常棒！

热爱发明，擅长机械，敢于冒险

自学成才的发明家，能将一堆金属碎片变成神奇的机器。喜欢开飞机，经常冒出奇怪的想法。

聪明绝顶，喜欢探索太空

平博士创造出来的机器人，拥有超强的学习能力，不会说话，但可以发出电脑声波传达信息。

遗失的道歉

朋友之间要互相包容。

“啦——啦——啦——”

一大早，羊诗弟家里就响起了朱小美欢乐的歌声。朱小美一边唱歌，一边帮羊诗弟打扫卫生。

羊诗弟平时喜欢安静地待在家里，读读书，写写诗。今天他也窝在床上看书，但是朱小美响亮的歌声直往他的耳朵里钻。

羊诗弟晃晃脑袋，想把朱小美的声音赶走。他还没把声音赶走，就又发现了不对劲儿的事，哪来的水？怎么湿漉漉的？

原来，朱小美唱歌入了迷，竟用湿抹布擦起了羊诗弟的手。羊诗弟大吼一声，猛地合上了书。

“不要开窗户。”羊诗弟头也没抬地说，“你没发现，马上就有风了么？”

但是朱小美把他的话当成了耳旁风，她甜甜地一笑，擦干了羊诗弟的手，对他说：

“你的家应该经常换换新鲜空气。”

羊诗弟从床上跳下来，踢开湿抹布，使劲儿关上窗户，拉上窗帘，说：“那就等我不在的时候再换新鲜空气吧，我的健康要比房子重要得多。”

“新鲜空气有利于身体健康，你这儿简直让人喘不过气来。”

“我不需要，我喘得过来气！”

“我这是为你好！”朱小美气哼哼地走到窗前，把窗户大大地敞开，“既然我是自愿来帮你打扫的，你至少不应该给我添乱！你还是去外边溜达溜达吧，坐在这儿像只窝里的鼹鼠！”

“你成心想让我生病是吧！”羊诗弟生气地关上窗户。

“你壮如牛犊，你需要的只是新鲜空气。”朱小美再次打开窗户。

羊诗弟气得浑身发抖，跺着脚大喊：“请你不要在我的家里发号施令！”

朱小美往后退了一步，惊讶地看着羊诗弟。后来的事情，羊诗弟有点儿记不清了。好像朱小美踢倒了水桶，摔门而去……

这是一个漆黑的夜晚，厚厚的乌云挡住了月亮。朱小美小小的身影出现在黑暗的森林里。杂乱的树枝不时挡住前面的道路，凶猛的鸟儿不断地飞涌出来。朱小美伤心地哭着，不停地擦着眼泪。前面是一个高高的悬崖，朱小美冲到悬崖顶上，大声喊叫着跳了下去。

“啊！”羊诗弟猛地睁开了眼睛，耳朵里还不断回响着朱小美的哭声，羊诗弟的心都要碎了。窗外的风在呼啸，刚才在梦中也是这样的情景！

羊诗弟从床上跳起来：“我得去看看朱小美。”

朱小美正在巧老师家做客。巧老师坐在镜子前，往脸上涂黄瓜做的保养面膜。

朱小美坐在凳子上，正伤心地哭诉着。

“我……我丢下了自己手里所有的活儿，好心好意地去帮他，可他却说……”朱小美模仿羊诗弟的口吻说道，“你成心想让我生病是吧！”

“他做得太不对了，不能这么对你说话。”巧老师对朱小美说。

“那现在应该怎么办呢？”

巧老师走近朱小美，关心地说道：“他必须认识到自己的错误，并且道歉！”

“如果他认识不到呢？或者他不想道歉呢？”朱小美沮丧地问。

“我给你讲个故事吧。”巧老师坐在朱小美旁边，回忆起来，“很久很久以前，我有一个非常要好的朋友。我们一起划船，一起照相，他还送我洋甘菊花……”

巧老师讲了很久，朱小美在一旁静静地听着。她从不知道，巧老师还有这样感人的故事，就像书里描写的一样！

朱小美轻轻闭上双眼，努力想象着：“一起划船，多美好的画面啊！还送她洋甘菊花，这才是真正的王子！根本不像那个讨厌的羊诗弟。巧老师真是太幸运了。”

朱小美睁开了眼睛，带着羡慕的眼神看着巧老师，可是她却惊讶地发现巧老师哭了。

朱小美跑到巧老师身边，拥抱她。

“直到有一天他伤害了我。我一直期待他的道歉，可没有等到，我还能怎么办呢？难道要我亲自去求他？不，绝不。我是那么心痛，于是我离开了，再也没有遇到过他。”

当年，巧老师收拾好东西，就坐火车走了。她在车厢里痛哭着撕碎了那个朋友的照片，想永远忘了他！

“一天过去了，两天过去了……我苦苦地等着他来信道歉，却没有收到过一封信，哪怕是一个字！” 巧老师伤心地说，“为了不再想他，为了摆脱烦恼，我尝试了各种方法，开始参加运动。这就是事情的全部经过。”

这时，羊诗弟正朝森林奔跑。“我应该告诉她我错了！我不是故意的！我只不过想安静地坐一会儿！算了，她想怎么做就怎么做吧，把窗户开着也没关系！”

“朱小美！”他跑到朱小美的家，敲了敲门，屋里没有人。“她可能在荡秋千！”他拼命地向山上冲去。马上就能看到朱小美了，她一定非常高兴，也肯定会原谅自己的。但是，朱小美并没在秋千上。

羊诗弟心里十分害怕："她去哪里了？不会是真的……失踪了？"羊诗弟在黑暗的森林里一路狂奔，他的心里很不安。跑到森林最深处，他停了下来，绝望地喊道："朱小美……"

四周一片寂静，没有任何回应。

朱小美和巧老师还在互相安慰，突然，朱小美的脑子里闪过一个念头：

“如果你的朋友是无意中伤害到你的呢？也许，一切只是个误会呢？”

“如果是这样，他可以来解释嘛。”巧老师使劲儿摇着头，“要真是个误会，他一定会给我写信的！没有写信，就说明他既不伤心，也不在乎我。算了，想开点儿吧。你看，因为这件事，我都快练成运动员了！

巧老师擦去最后一滴眼泪，平静地说：“和朋友在一起，任何事情都有可能发生。可是我的大箱子就不同了，它跟了我一辈子，从来都没有背叛过我！”

朱小美这才发现墙角有一个落满灰尘的箱子，箱子盖都歪了。

哇，箱子里有这么多好玩的东西！旧连衣裙、生锈的熨斗、公主戴的帽子、留声机……朱小美兴奋起来，她拽出粉红色帽子，戴到头上，在镜子前旋转着跳舞。

“我当时也戴着这顶帽子……”巧老师又想起了过去。

朱小美发现箱子的角落里有很多旧杂志。

“这是什么杂志？”朱小美问，“有很多页粘在一起了……”

“哦……”巧老师挥了挥手，“是以前我订的杂志，一直没有时间看。想等有空了再看吧，可怎么也抽不出时间。”

“快看！这里有一封信！”朱小美撕开了杂志里粘在一起的几页，意外地发现里面有一封没有拆开的信。

“什么？这不可能。”巧老师困惑地把信封拿在手中，想了想，拆开了信封。

亲爱的朋友，为什么不给我回信？我都已经给你寄了30封信了……每封信里都写着“请你原谅我，我错了”。

“这儿还有好多信！”朱小美还在箱子里翻着，“每份杂志里都塞了信！信和杂志都是送到同一个地址的，所以邮局就把它们放在了一起……”

我错了，但你为什么要离开？我不停地想念你，也许你不再想见到我了，对不起！

巧老师读着读着，伤心地流下了眼泪。

信是巧老师那个朋友寄来的！他写信请求原谅。但是已经晚了！朱小美想起了羊诗弟，假如自己再也见不到羊诗弟了，该怎么办？想了一会儿，朱小美就赶快离开了巧老师家。

羊诗弟家里黑漆漆的，他浑身落满了树叶，扎满了刺，趴在桌子上迷迷糊糊睡着了。他又梦见了朱小美，梦见她失踪了，窗户也被打碎了。

突然门被推开了，屋里刮进了一阵粉红色的旋风。旋风在桌子前停下来，原来是朱小美。朱小美闭上眼睛，摆出一副高高在上的样子："只要你求我，我就原谅你。"

但是羊诗弟并没有马上道歉。朱小美微睁开一只眼睛，才发现羊诗弟睡着了。这种情况下他怎么还睡得着！朱小美拼命摇晃他。

羊诗弟一下子清醒了：“是朱小美！你还活着！你没事！”

“我来了！现在你可以跟我道歉了！”朱小美大声说着，张开了双臂。

长 椅

朋友遇到困境时，应该及时伸出援手。

兔小跳和猬小弟是形影不离的好朋友。尽管他俩看上去很不一样，兔小跳顶着两只长长的大耳朵，猬小弟则背上背满了刺儿，但是，他俩却总是黏在一起，甚至连住的地方都紧挨着，只要跨过自家院子的栅栏，就到了对方的家。

这几天，兔小跳正忙着干一件大事。他早就想给自己的家里做件有用的东西——一张长椅，今天终于完成了。

“傍晚的时候和朋友们坐在上面聊天，肯定又舒服又开心！”兔小跳想道。

兔小跳用粉红色的油漆刷完长椅，满意地看着自己的作品。

“你好，兔小跳！”他的好朋友猬小弟出现了。

“这把长椅做得可真漂亮！”猬小弟看着长椅夸赞道。

“如果能马上坐在上面就好了！”兔小跳嚷嚷着，他等得有些不耐烦，着急地蹦了起来。但是，无论他多着急，长椅上的油漆都不可能马上变干。

“你是用什么油漆刷的？是那种速干的吗？”猬小弟问兔小跳。

“不知道，”兔小跳用手指摸了一下长椅，手上粘上了粉色的油漆，“哦，它还没干。”

“看来不是速干漆了。”猬小弟深吸了一口气，耐心等着油漆变干。

“其实，在等待油漆变干的这段时间，我们还可以干点儿有用的事情。”兔小跳不想就这么眼巴巴地看着。

“正好我还剩了一些油漆，你有什么要刷的吗？” 兔小跳问。

猬小弟摇了摇头：“暂时没有。”

“要不然，我把你也刷一刷？”

“不。”猬小弟急忙说——他才不想被刷成粉红色呢，“想起来了，羊诗弟好像有东西要刷。”

“走，去他家看看！”兔小跳和猬小弟朝着羊诗弟的家跑去。

羊诗弟是个诗人，他写过很多诗歌，但是今天他怎么都找不到灵感。

羊诗弟坐在房间角落里，静静地等待灵感的到来。

门口的台阶上传来了沙沙的脚步声，羊诗弟满怀希望地看了一眼窗外。原来不是灵感来敲门，而是兔小跳和猬小弟来了。

“羊诗弟！羊诗弟！”兔小跳和猬小弟一起高兴地大喊。

“别这么大声！”羊诗弟埋怨道，“这么大声，会把我的灵感吓跑的！”

“可是我现在并没有看见什么灵感。”兔小跳四下张望着。

“我们好像把它吓跑了。”猬小弟往兔小跳这边靠了靠。

“灵感只能感受到，用眼睛是看不到的！”羊诗弟沮丧地说着，走出了屋子。

兔小跳和猬小弟用鼻子使劲儿闻了闻，他们什么也感觉不到。

“既然看不到，那怎么才能感受到呢？”猬小弟问。

“灵感是一种朦胧的、奇妙的感觉。”羊诗弟仰望着天空，若有所思地说道，“就像一只笨重的河马，突然变轻了，像云一样飞啊，飞啊，飞……”

“我不明白！”兔小跳说，“开始是灵感，然后是什么河马，现在又加上云朵了！”

“这有什么不明白的。”羊诗弟解释道，“河马只是打个比方，当你没有灵感的时候，你什么都做不来，还觉得很沉重。当灵感来的时候，就什么都得心应手了。明白吗？”

羊诗弟突然看见了朋友们手里的油漆桶，马上高兴起来："这是什么？油漆？还是粉红色的，太棒了！"

他把厚厚的一沓纸铺在地上，从桶里拿出刷子，开始充满激情地刷着。

"这是什么？"猬小弟指着羊诗弟刷完的纸问道。

"这是诗。"羊诗弟回答。

兔小跳和猬小弟发现桶里的油漆变得越来越少了。

“要不，我们去刷点儿有用的东西？”兔小跳忍不住说道。

“先把这些纸刷完吧……”羊诗弟突然笑了起来，“哈！我想到了一首不错的诗，我得赶快写下来。”

“但是，你已经把所有的纸都涂上油漆了！”猬小弟小心地提醒他，生怕把羊诗弟的灵感吓跑。

“小意思，到处都可以写诗！”羊诗弟拿着刷子，直接在地上写了起来。

想把有用的东西刷，
先将纸张铺地上，
默默地写在纸上面，
不慌不忙将河马画。
河马一生满是关爱，
河马家里满是泥沙。
想把有用的东西刷，
不必考虑就刷河马。
从头到尾涂颜色，
它将比长椅更好看。

一首诗很快就完成了。

羊诗弟一直沉浸在自己的创作中，根本没留意脚下的路。等他写完抬头一看，才发现自己已经写到了高高的树上。只看见树下的两个小圆点，那是兔小跳和猬小弟。羊诗弟特别恐高，他拼尽全力抓住旁边的树杈，吓得一动不动。

“羊诗弟，你还要在树上坐很长时间吗？”兔小跳喊道。

“不——不是。我下不去了，因为我怕高！”从树上传来惊慌的叫声。

“别着急，我们现在就把你救下来。”兔小跳和猬小弟一边喊着，一边跑去想办法。

他俩找来了一大堆东西，有旧柜子、瘸了腿的椅子、装了六根胡萝卜的篮子、救生圈，甚至还有一个大浴缸。

他俩把这些东西一个个摞起来，像个高高的梯子，然后爬到了最顶上，可还是够不到羊诗弟。

兔小跳又往摇摇晃晃的梯子上加了一只鱼缸和一卷电线，猬小弟则拿来了一些糖纸。现在只差一点儿了。

“长椅！”他俩同时想到了长椅。于是他们搬来长椅，把长椅放在了梯子顶上，兔小跳跳上梯子，让猬小弟站在他的头上，踮着脚尖，抓住了羊诗弟。但他们用尽全力也无法把羊诗弟从树杈上拽下来。

“我会摔死的！”羊诗弟害怕极了，更是死死地抓住树杈。

摞起来的梯子根本禁不住这样的拉扯和晃动，开始慢慢倾斜。他们三个人像杂技演员一样，翻着跟头从最上边掉了下来，扬起一地的灰尘。

当灰尘散去之后，兔小跳和猬小弟在一堆东西中间找到了羊诗弟，他俩小心地扶他站起来。

“没……没事了？”羊诗弟小心翼翼地睁开眼睛。

没有人回答他，兔小跳和羊诗弟正看着摔成碎木条的长椅。

“粉红色的长椅是多么漂亮呀……”猬小弟低声说道。

兔小跳坐在地上，用两只长耳朵挡住双眼，不忍心看见这一切。

“兔小跳！猬小弟！你们救了我，救了自己的朋友！也许我是错的，但我认为我比那个粉红色的长椅更有用，虽然它是那么漂亮……”羊诗弟说。

兔小跳还是没有回答。羊诗弟也非常伤心，他甚至想，自己应该赶快重新爬回树上，这样才能分担朋友们的痛苦。但是他一点儿也不想再爬回树上，只好沮丧地朝自己家走去。

“羊诗弟，你说的对极了！我还可以做很多很多把长椅，但你却是我们大家最珍贵的朋友。”羊诗弟背后传来了兔小跳的声音。

羊诗弟回过头，看到兔小跳微笑着向他跑来。

兔小跳跑到羊诗弟身边，用尽全力拥抱他。看着他们俩，猬小弟也被深深地感动了，为了不让自己的眼泪流下来，他抬起头，向上仰望天空。

“快看！”猬小弟喊着，“天上飞着的是河马！还是粉红色的！”

三个好朋友一起抬头仰望。高高的天空上有一朵大大的云朵，像一头软绵绵的河马，在夕阳的照耀下，变成了漂亮的粉红色。

猾小哥

与朋友相处，最需要的是真诚。

“猬小弟，快醒醒！”兔小跳冲进猬小弟的卧室，使劲儿地摇着猬小弟的胳膊，兴奋地喊道，“我们做好了，我们做好了！”

猬小弟不情愿地睁开眼睛，嘴里嘟囔着：“做好什么了？”

“就是你上次说的那个东西。”兔小跳一把掀开猬小弟的被子，把他从床上拽了下来。

猬小弟摔在冰凉的地板上，立刻清醒过来：“什么东西？跟我有什么关系？”

兔小跳拉起他的手就往门口跑：“我们一起去看看！”

他俩沿着林间小路狂奔。

“到底是什么？”猬小弟怎么也想不起来了。

兔小跳提醒他：“你记不记得你曾经说过，你是跳藤蔓的冠军！”

跳藤蔓？猬小弟恍然大悟。那是上个星期二的事！那天晚上他吹牛了，就是想让朋友们觉得自己很了不起。

“你还答应过要教大家呢。”兔小跳再次提醒他。

猬小弟心里一阵发慌，小声地说：“我……我可能答应过，但我怎么教你们？这里连藤蔓都没有。”

兔小跳用手蒙住猬小弟的眼睛：“向后转，1、2、3！请看！”

猬小弟抬头往上看，悬崖边的橡树树枝上，有一根荡来荡去的藤蔓！

猬小弟小心翼翼地挪到悬崖边上，往下看了一眼，吓得直发抖！他赶紧后退几步。

朋友们还在满怀期待地等着看猬小弟表演呢，他们等着猬小弟快速起跑，跳起来一把抓住藤蔓，像飞翔的小鸟一样荡起来！那天他就是这么说的！

“来，快点儿展示一下吧。”大家异口同声说道，“我们还想学呢！”

“这个是学不会的。”猬小弟一边后退，一边结结巴巴地说，“这……这应该是……天生的。”

兔小跳有些不满：“得了吧，你不是说这是小菜一碟吗？”

“对我来说可能很简单，但你们怎么也不可能。”猬小弟摇了摇头。

朋友们把猬小弟团团围住，恳求他示范一下如何正确地跳跃。他们越恳求，猬小弟越害怕。他往后退着，一直退到悬崖边上。他听着脚下的石块扑通扑通往悬崖下掉，脑子里嗡嗡作响，眼前的朋友们也开始模糊起来。猬小弟没站稳，一下子摔倒在地，昏了过去。

“他怎么了？”朱小美皱起了眉。

“可能是在做跳跃调整吧。”兔小跳猜。

虽然猬小弟不记得自己是怎么回的家，但是却对之前发生的事情记得一清二楚。“真丢人！真丢人！”他一边反复地说，一边把床头柜搬到门后，用它顶住门。这下子，谁也进不来了！

“猬小弟，开门！”门外传来兔小跳的敲门声和喊声，“没什么大不了的！”

猬小弟始终没有开门。兔小跳只好失望地走了。

夜幕降临了，甘菊庄园里的伙伴们早就进入了甜甜的梦乡。而猬小弟还坐在床上，心里有些难过："现在该怎么办？大家都认为我是骗子，是吹牛大王……"

突然，猬小弟想到："也许我可以逃到没有人认识我的地方，在那里开始全新的生活，像一张白纸一样！"

“对，离开这里！”猬小弟大喊一声，从床上跳下来。

他抓起一个大麻袋，开始一件一件地往里面装东西。

“朋友们，再见了！我要逃到一个没人知道我耻辱的地方！”他一边往口袋里塞鱼缸，一边自言自语，“那天谁也没强迫我，我怎么就说了三大车的谎话呢？真丢人！”

猬小弟费力地拎起麻袋，把它扛到肩膀上，跑出了家门。

出门时不知被什么勾住了，麻袋被勾破了，但是猬小弟没有发觉，他拼命地向前跑。

前方就是好朋友兔小跳的家，可是猬小弟不能去！

“再见了，朋友！”

猬小弟跑到了海边，不小心摔倒了，跌进海水里。他就这么躺着，浑身湿淋淋的，又孤单又可怜。

“唉，如果我不是猬小弟，而是其他刺猬就好了！”他心想。

“其他刺猬？”猬小弟突然笑了起来，“好主意！只要我装扮成其他刺猬就行了，大家肯定认不出来！那我就用不着逃跑了，也不必离开朋友们了！”

一回到家，猬小弟立刻开始乔装打扮。他摘下眼镜，戴上墨镜。他从柜子里翻出一副大胡子，把它粘在自己的鼻子下面，再往头上扣了一顶鸭舌帽。瞧，一切都妥当了。不对，还差一样——声音！

猬小弟看着镜子里的自己，故意用粗犷的嗓音大声说道：“喂，大骗子，吹牛大王！”

“你是在跟我说话吗？”镜子里的猬小弟怯怯地问。

不，这怎么行。别人一听声音就会知道，这是温文尔雅的猬小弟。

“你是在……跟我……说话吗？”猬小弟试着用粗嗓门大吼。

这就对了，就用这样的声音和语气！这样一来，朋友们就再也看不到文质彬彬的猬小弟了。

兔小跳整晚都没有合眼。

“猬小弟肯定生我的气了。”他心里很不安，“他不想跟我玩儿了！他都不让我进他的家了！”

突然，兔小跳的脑子里闪过一个念头。“没错！”他一拍脑门，“肯定是他觉得那根藤蔓不好！”

第二天一大早，兔小跳拿着刚刚做好的新藤蔓，朝猬小弟家跑去。

“猬小弟，我全明白了！”他冲进屋里喊道，“那根藤蔓确实不太好。今天这根……”

这时，门口出现了一个奇怪的陌生人！

“你好，亲爱的朋友！”陌生人大喊一声，把兔小跳拽进了屋里。

“不好意思，你是谁呀？”兔小跳小心翼翼地问，打量着这位陌生人。

“我……我是猬小弟的亲戚，我叫猬小哥！”陌生人一边倒茶，一边自我介绍，“你一定是猬小弟的朋友，来喝点儿东西吧。”

“那猬小弟在哪儿？”兔小跳问道。

“猬小弟走了，永远地走了！”

“什么？走了？去哪儿了？”茶杯从兔小跳的手里滑落下来，摔到地板上，成了碎片。

“猬小弟悄悄地离开了，没有告诉任何人他去哪儿了。”

兔小跳强忍着眼泪，慢慢走回了家。之后，他整整一天都在看照片，看他俩一起滑雪，一起探险，一起旅行……

兔小跳的眼泪落到了照片上，他伤心地大哭起来。

兔小跳心情沉重地把这个不幸的消息告诉了朱小美和羊诗弟。他们坐在大海边，想起猬小弟，特别忧伤。

“猬小弟真的很会跳藤蔓，对吗？”朱小美轻声问。

“当然了！”朱小美的耳边传来一个陌生的声音。

“他跳得像一只豹子，他甚至还会像鹰一样飞！只是他从来都没有提起过，因为他很谦虚。”猬小哥走到大家面前，开始起跳。他想给大家展示猬小弟是如何做动作的，连续跳了几下之后，他脚下一滑，扑通一声跌入水中。

“游泳就更别提了，猬小弟游泳的速度也非常快！”猬小哥在水中喊道。他根本没有发现，自己的墨镜已经滑到了鼻尖，胡子也掉落下来。

“猬小弟？”兔小跳吃惊地喊道。

猬小弟看到水中的倒影，突然意识到自己的失误。他赶紧捞起胡子，想要把它粘回去。但是已经太晚了。一切都真相大白！

“糟糕，真是太丢人了！”猬小弟用手捂住脸，喊了起来，“我又说了三大车谎话！”

猬小弟羞愧地大哭起来。现在朋友们再也不会原谅他了！

“猬小弟！猬小弟！”

朋友们高兴地向猬小弟跑去，他们谁都没有因为他撒谎而责备他，反而觉得非常幸福，因为亲爱的猬小弟又能和他们在一起了。

猬小弟终于明白，哪怕自己根本就不会跳藤蔓，他们也依然是好朋友。

绿色印刷　保护环境　爱护健康

亲爱的读者朋友：

本书已入选“北京市绿色印刷工程——优秀出版物绿色印刷示范项目”。它采用绿色印刷标准印制，在封底印有“绿色印刷产品”标志。

按照国家环境标准（HJ2503-2011）《环境标志产品技术要求　印刷　第一部分：平版印刷》，本书选用环保型纸张、油墨、胶水等原辅材料，生产过程注重节能减排，印刷产品符合人体健康要求。

选择绿色印刷图书，畅享环保健康阅读！

北京市绿色印刷工程

著作权合同登记号
图字：01-2016-3024

世界真奇妙阅读书系

★ **如何让孩子养成良好的生活习惯？**

★ **如何让孩子学会正确处理与他人的关系？**

★ **如何让孩子以良好心态面对挫折？**

本书讲述了18个发生在开心球身边的故事，这些故事涉及友谊、承诺、竞技、环保等各个方面。孩子通过阅读，引发关于生活方方面面的思考，变得更加乐观、勇敢和自信，更勇于面对成长过程中的挫折。书中涉及的比赛及环保等话题，更开阔了孩子的视野，让孩子从小建立良好的社会责任感。

ISBN 978-7-300-24312-2

9 787300 243122 >

定价：86.00元（全六册）

中国环境标志 CHINA ENVIRONMENTAL LABELLING
绿色印刷产品

策划编辑：王亚南　黄　颖
责任编辑：王亚南
封面设计：李尘工作室

北京市绿色印刷工程——优秀青少年读物绿色印刷示范项目

世界真奇妙阅读书系

马拉松

换位思考 收获多

俄罗斯聪明玛莎出版社　北京开心球动漫技术有限公司◎编著　刘艺阁◎译

中国人民大学出版社

俄罗斯聪明玛莎出版社
北京开心球动漫技术有限公司 编著

世界真奇妙 阅读书系

马拉松

换位思考 收获多

刘艺阁 译

中国人民大学出版社
· 北京 ·

目 录

CONTENTS

人物介绍

喜欢运动和探险，爱吃胡萝卜

一只淘气、多嘴的兔子。活泼好动，充满活力，是个乐天派，和猬小弟是最好的朋友。

喜欢收藏各种东西，喜欢看书

这只小刺猬善良、有礼貌、乐于助人、有一点儿害羞。他总是不慌不忙，外表很温柔，内心很勇敢。

爱漂亮，喜欢幻想，喜欢收礼物

可爱迷人的女孩，爱吃甜食，爱漂亮。经常鼓舞其他开心球去完成重要的事情，喜欢得到赞美。

喜欢文学、诗歌和艺术

开心球中的著名诗人，非常敏感。一直在寻找灵感，散发着忧郁而浪漫的诗人气息。

热爱科学、读书和美食

很有才华的科学家，生活中有点儿笨手笨脚。对待任何问题，他都会在自己的藏书中寻找科学的答案。

喜欢烹饪，关心大家的健康

乐于助人、充满爱心的奶奶。随时带着医药箱，经常给别人看病，倡导健康的生活方式。严厉但很公平。

喜欢旅行，热爱戏剧和音乐

年长的绅士，伟大的旅行家。是个讲故事的能手，有艺术家气质，有一点儿爱吹牛。

喜欢种植，爱吃蜂蜜

温顺憨厚，不善言谈，整天都在地里干农活：耕地、除草、灭虫……他种的蔬菜长得非常棒！

热爱发明，擅长机械，敢于冒险

自学成才的发明家，能将一堆金属碎片变成神奇的机器。喜欢开飞机，经常冒出奇怪的想法。

聪明绝顶，喜欢探索太空

平博士创造出来的机器人，拥有超强的学习能力，不会说话，但可以发出电脑声波传达信息。

马拉松

努力就会有回报。

羊诗弟是位诗人，但是，他最近却找不到创作的灵感。看，他正苦恼地坐在那里，唉声叹气。

“你只是累了，大脑使用过度了。”巧老师安慰他，“换个方式，比如，多动动腿。对，你应该跑跑步。”

“我是诗人！”羊诗弟叹着气，把花瓣一瓣一瓣地摘下来，“我的工作就是写诗，而不是跑步。”

“你需要转换一下。”巧老师继续劝他。

“然后我就能写诗了吗？我就能有灵感了吗？”羊诗弟突然想试试，“我需要跑多久呢？”

“直到你对生活有了兴趣。”巧老师自信地对羊诗弟说，然后用笤帚把花瓣打扫干净。

羊诗弟跑回家，找到一本叫做《跑步与健康》的书，开始认真读起来。他照着书里的图画，头向前，弯下腰，弯曲膝盖，然后……开始奔跑。

羊诗弟发现自己非常喜欢跑步。跑着跑着，诗的灵感涌现了出来。

“一定还会有更多灵感！”羊诗弟心里想着，“不！是成千上万首诗！我一定会成为一个著名的诗人和一个成功的运动员。”

大嘴叔正坐在摇椅上打盹儿，羊诗弟就像一颗彗星，嗖的一下从他身边飞过。大嘴叔被一阵风吹醒，他眨眨眼睛，只见一片飞扬的尘土滚滚而过。

夜幕降临了，羊诗弟还在不停地奔跑，他已经快跑不动了。路上不时会出现各种障碍。“跑步一点儿也不比写诗简单呀。”羊诗弟心想。

突然，从树上掉下来一根大树枝，羊诗弟试图跳过去，却跌了一跤，膝盖摔破了。

“这是障碍跑啊！”羊诗弟一边嘟囔着，一边把自己身上的灰尘拍掉。

吁——他长出一口气：“难道我已经有灵感了？那就试试吧。”

他静静地坐在那里，想啊想，但是脑子里什么也没有，只有一句话：“跑不动了！”

“没有灵感！”羊诗弟心情有些低落，“可能是我跑的距离还不够，我应该跑得更远。”

这次羊诗弟变得聪明了，他有规律地呼吸，慢慢地加速。

他在夏天凉爽的夜风中奔跑，他跑过森林、湖泊、原野……直到眼前出现了一座高山。羊诗弟皱了皱眉，磕破的膝盖越来越疼。

跑到大山脚下，他突然感觉浑身充满了力量。他再次调整呼吸，腿变得更灵巧了，身体变得更轻盈了，就像风中的一片羽毛。

再也没有障碍物能挡住羊诗弟了。为了让自己能够获得更多的灵感，他特地选了一条非常崎岖的路。

大清早，农夫熊准时来到菜园，他一眼就看见正在奔跑的羊诗弟。菜园里障碍重重，不过，这难不倒羊诗弟。他一口气就跳过了尖尖的栅栏，又越过一条条的垄沟。农夫熊看得目瞪口呆，手里的铁锹都掉到了地上。

兔小跳和猬小弟正在井边打水，他们提着水桶准备往家走。这时，羊诗弟向他们跑来。他从兔小跳的手里一把抢过水桶，把水往头上一倒，给自己浇了个透心儿凉，然后继续奔跑。

冲了凉水，羊诗弟顿时变得精神饱满，他像箭一样跑过开满雏菊的草地，头也不回地奔跑。

一小时十公里！这是新的纪录！要是能跑得更远，写出更多的诗，那是多么美妙的事情啊！

在羊诗弟身边闪过小房子、村庄、小桥……还有荡秋千的朱小美。

晚上，大家聚集在巧老师家里，谈论起羊诗弟不停跑步的事。巧老师告诉他们，羊诗弟是为了获得作诗的灵感才开始跑步的。大家对羊诗弟的敬仰之情油然而生：这才是真正的诗人！

大家都为羊诗弟感到骄傲。

回到家，羊诗弟的朋友们还在为他担心。

“羊诗弟在外面怎么样了？”

“他还在跑吗？”

“路上有灯吗？”

“有蚊子吗？”

甚至连猬小弟的梦里都是羊诗弟跑步的情景。在梦里，羊诗弟就像是古希腊的马拉松运动员，跑过大陆，越过海洋，把圣火传递下去。

第二天清早，鹿教授决定和羊诗弟一起跑。他跟在羊诗弟身边，手里还拿着刚刚煮好的茶。

“我放了很多糖。”鹿教授跑得喘不过气来，“你需要补充能量。”

羊诗弟一口气喝掉鹿教授递过来的茶，一把将茶杯扔到身后的垃圾桶里，继续奔跑。这时候，巧老师追了上来。

“呼吸正常，脉搏正常。”巧老师一边跑一边给羊诗弟听诊，然后递给羊诗弟一堆各种颜色的维生素，“好好跑，灵感会跑出来的。”

当太阳就要下山的时候，大家决定为羊诗弟准备一个终点冲刺的庆祝活动。

大家做了一个横幅，上面写着“终点”。他们摆好桌子、墨水和笔，还拿来一沓白纸。

“纸还是太少了！”大嘴叔指挥道，“再拿点儿纸来！每跑一公里，他都会写出一句天才的诗句。”

但是从树林中跑来的却是慌慌张张的朱小美。朱小美哭喊着说：“羊诗弟失踪了！”

“怎么会失踪呢？可能是换了路线。”大嘴叔不慌不忙地说。

“不，他失踪了！不见了！”朱小美还在不停地喊。

大家开始担心起来。羊诗弟能去哪儿呢？难道是在灌木丛里睡着了？他们按照羊诗弟的路线一路找过去，却看不见羊诗弟的踪影！

秋天到了，农夫熊开始收割庄稼，巧老师用果实做了果酱，兔小跳和猬小弟还在到处张贴寻人启事，但是羊诗弟还是没有一点儿消息。

自从羊诗弟失踪以后，朱小美一直很伤心。

有一天，朱小美跑到树林里采蘑菇，突然看到远处的路口闪过一团紫色的影子。“是羊诗弟！”朱小美拎着篮子，立刻冲上前去……

原来是巧老师，她在脖子上围了一条紫色的围巾。朱小美很失望，她转过身，流着泪回家了。

冬天来了，下了第一场雪。

大家坐在巧老师家里，鹿教授在看报纸，朱小美和巧老师在绕毛线团，大嘴叔在听广播。

广播里传来播音员愉快的声音：“听众们好，现在是体育新闻时间，我们将采访今年马拉松比赛的最佳选手。就在刚才，这位世界上跑得最快的选手到达了终点，像箭一样冲到了终点。他的名字就是——羊诗弟！”

“啊！”朱小美惊讶地喊道。巧老师手里的毛线球掉到了地上，大嘴叔吃惊地从椅子上滑下来。广播里说的是我们的羊诗弟吗？冠军？！

大嘴叔奔向收音机，把音量调到最大！收音机里传出观众们的欢呼声和此起彼伏的照相机快门声。记者问道："你平时喜欢做什么？你成功的秘诀又是什么呢？"

"哦，我在休息的时候写写诗，也没什么特别的。"

“一年以前我还没有开始跑步，但是我的朋友们给我出了个好主意。我要向我的朋友们问好，特别是朱小美。你们放心，我很快就会回家的。”

“天才的羊诗弟在各个方面都很有天分！”朱小美一边想着，一边开心地笑了。

花样滑冰

胜利不是最重要的事。

今年的冬天格外寒冷，雪花漫天飞舞，地上也积满了厚厚的雪。又可以在雪地里撒欢儿啦！大家一会儿打雪仗，一会儿在雪橇上玩耍，一会儿又滑着滑雪板互相追逐。后来有人提议要玩些与以往不同的新花样，于是他们决定，举行一场花样滑冰锦标赛。

星期一的早晨，花样滑冰锦标赛正式开始了。

大嘴叔、农夫熊和巧老师担任裁判，他们认真地研究了比赛规则。花样滑冰的打分标准，既要看选手的艺术表现力，比如冰上舞蹈是否优雅动人，也要看选手的旋转、跳跃等技术动作的质量和难度。

兔小跳和朱小美积极要求参加比赛。

朱小美第一个上场表演，她站在滑冰场的角落里，伤心地垂着头，静静地站着。然后，她慢慢移动双脚，滑向中央。

“啊！”巧老师在裁判席上赞叹道，“多么感人啊！”

朱小美开始在冰上旋转，她把头贴在腿上，一会儿向左转，一会儿向右转。

“快瞧瞧，太棒了！”猬小弟一边欣赏一边感叹。

只有兔小跳无动于衷。

“这有什么难度，说实话，这套动作太简单了。”兔小跳说，“跳得也不够高。”

但是裁判们没有理会兔小跳，他们给朱小美打出9.0的高分。

“我的这套动作要比她的难上十倍！”兔小跳拍了一下猬小弟的肩膀，说道，“放心吧，我们胜券在握。”

猬小弟怀疑地说：“可是，朱小美的艺术表现力很好啊，舞蹈也很优美。”

“别担心，挤眉弄眼谁不会啊！”

兔小跳一边说着，一边跳到冰上，快速地在冰上转了三圈，他那两只长耳朵紧紧地缠在了一起。随后，他高高跳起，在空中转了两圈，又稳稳落地。兔小跳瞟了一眼裁判，裁判们皱着眉头，给兔小跳打了个最低分。

兔小跳非常沮丧。

“你知道吗，你只是在滑冰。”猬小弟分析道，“只有技术，一点儿感情都没有。”

“我不理解，艺术表现力有什么用，这并不代表滑冰的水平！再说，他们怎么知道我的舞蹈要表现什么！”兔小跳哭丧着脸，生气地在地上打滚儿。

“停下来！”猬小弟喊道。

“你应该把跳跃和艺术结合起来，”猬小弟说道，“你要沉浸在你的角色里，要有感情。”

为了能够让兔小跳明白，猬小弟跳到了冰上，给他演示怎样用舞蹈来表现感情。

兔小跳看着猬小弟，似乎还是没明白。

晚上，兔小跳回到家，在房间里烦躁地走来走去。

“到底应该怎么做呢？”他一边思考，一边嚼着胡萝卜，“怎么样才能在舞蹈中表现出感情呢？”

兔小跳一连啃了30根胡萝卜，突然，他的脑中灵光一现！

几分钟后，兔小跳就出现在了猬小弟的家里。他穿着冰鞋跑到猬小弟的床前，趴在他的耳边兴奋地大喊道：“猬小弟！快起来！快跟我走！快！”

猬小弟坐在看台上，被风吹得瑟瑟发抖，他不明白兔小跳把他拽到这里来要干什么。

兔小跳开始表演了，猬小弟的睡意顿时就消失了。兔小跳的表演太精彩了，多么悲伤，多么感人！猬小弟从来没有看见过这么投入的表演，每一次跳跃、每一次旋转、每一个舞步都让他感动得热泪盈眶。

表演结束了，猬小弟跑向自己的朋友。

“这真是太美妙了，太棒了！”他赞赏地说道，“你是怎么做到的？”

兔小跳哽咽着说：“还记得吗？秋天，我储藏了一箱特别好的胡萝卜，准备过冬的时候吃，可它们全都冻坏了。”猬小弟点点头，但他还是不能理解兔小跳的话，表演跟胡萝卜有什么关系呢?

“你能想象吗？”兔小跳一边说着，一边流着眼泪，“全都冻坏了……”

“于是我就明白了，原来痛苦是这样的，我应该用滑冰把悲伤表现出来，我就跑去找你了！”兔小跳开始大哭起来。

“好样的，兔小跳。”猬小弟搂着朋友的肩膀，他为兔小跳感到遗憾，但是同时他又为兔小跳感到高兴，因为他相信，兔小跳能够赢得最后的比赛。

转眼到了决赛。朱小美刚刚表演完自己的节目，观众就向她抛出鲜花、糖果和玩具。虽然朱小美很累，但是她对自己的表现很满意。

轮到兔小跳表演了。“你感觉怎么样？”猬小弟转身看看兔小跳。

兔小跳脸色苍白，紧张地说：“我什么感觉都没有了。”

猬小弟焦急地抓住兔小跳的手："怎么会呢？赶快想一想，那一整箱冻坏的胡萝卜！"

"不行，"兔小跳无奈地说，"胡萝卜已经用过一次，不好使了。"

"那你就想一想别的事情呀！"猬小弟说。

"我怎么知道什么事情能管用呢？"兔小跳坐在板凳上都快哭出来了，"我不会成功的，我根本就没有艺术表现力，明白吗？没有！"

兔小跳慢慢地走向冰场。在比赛中信心很重要，如果选手没有获胜的信心，那么他就不可能赢得比赛。

猬小弟担心地看着自己的朋友，他知道自己的朋友为什么这么难过，但是他也帮不上忙。

“我真是没用。”兔小跳伤心地说，“我什么也做不好，我真是太糟糕了！”

兔小跳无精打采地走着，耳朵也耷拉下来。

兔小跳光顾着自己伤心，却没有注意到河岸边杂乱的灌木丛，他一下子被灌木丛绊倒，顺着河岸滚到了冰面上。兔小跳脸朝下一直滑到了冰场中央。

兔小跳晃晃悠悠地站起来，抬起头，忧伤地望着远方，开始滑向冰场的另一端。

担心、紧张、失望、痛苦，兔小跳把这些情绪全都表现在了自己的表演里。在兔小跳的心里，响起最悲伤的音乐，一个声音在脑海里说：“表演吧！这是你现在唯一能做的事情。专心表演，向世界展示你的心情吧！”

兔小跳的眼睛里闪着光芒，他仿佛是在平静的湖面上飞翔，他的跳跃似乎能一直够到月亮。

裁判们站在不远处的小山冈上，他们被兔小跳的节目感动得热泪盈眶。这才是表演！这才是真正的花样滑冰！太棒了！太完美了！

做完最后一个动作，兔小跳倒在冰面上，全场一片寂静。

巧老师惊叹道："这是我生命中看到的最美好的表演了！"

所有的裁判都举起了分数牌，上面写着最高分。

突然一个声音出现了："他是太绝望了，可惜，这样的表演也许只有这么一次。"

裁判们转过身，看见身后的猬小弟，他的双眼闪着泪光。

"这不是表演，而是真实的表现？"巧老师问道，"没有一点儿表演成分在里面？"

“对不起，这可不行，这根本不是表演！”大嘴叔生气地说，“我们需要的是艺术表现力！”

裁判们转身离开了。

兔小跳抬起头，一眼就看见了猬小弟站在他的面前，手里举着分数牌，上面写着最高分！

“好了，美好的生活才刚刚开始。”兔小跳擦掉眼泪，露出微笑。

然后，兔小跳兴高采烈地在冰上跳来跳去。

“没有赢得比赛，那又怎样？没有艺术表现力又怎么样？看，我能做四周跳呢！”这一刻，兔小跳觉得自己比取得比赛的胜利还要开心！

高尔夫

比赛的结果不重要，最重要的是参与其中。

小朋友们，你们喜欢运动吗？你们都喜欢什么运动项目呢？

在甘菊庄园里，有一位运动员，他就是兔小跳！他非常喜欢运动，虽然运动中时常会发生轻微的碰撞，有时还会受伤，但是他仍然认为运动是一件很美妙的事情。

猬小弟是兔小跳的好朋友，与兔小跳相反，猬小弟不太擅长跑跑跳跳，他喜欢安静。

但是兔小跳认为，要想让手臂变得更强壮，腿部变得更有力，身体变得更灵活、更健康，就应该坚持体育运动。他找到了特别适合猬小弟的一项运动——高尔夫。

① 高尔夫规则一：快速地把球打进球洞中。

兔小跳翻遍了自己家里的所有角落，终于找到了打高尔夫需要的东西——高尔夫球杆、高尔夫球和球座，他把这些东西都交给猬小弟。

他俩一起来到草地上。兔小跳熟知高尔夫的规则，就像熟悉自己的手指一样，所以他只用了五秒钟来解释：“高尔夫的规则很简单。第一，快速击球，把球打进球洞里。”

猬小弟点点头，深吸了一口气，挥动手中的球杆……击球！球嗖的一声飞了出去。

“打得漂亮！”兔小跳对猬小弟说，“但是球跑到哪儿去了呢？”

在草地的另一头，鹿教授正端着一杯香醇的茶，悠闲地坐在吊床上看报纸。报纸上的大字标题是《不明飞行物袭击森林》。鹿教授皱了皱眉头，还没有来得及往下读，一个不明飞行物就落在了他的茶杯里。

鹿教授被吓了一跳，他仔细观察着这个物体。

“我们的球落到哪里了？”兔小跳和猬小弟出现在鹿教授身边，兔小跳朝着杯子的方向看了一眼。

高尔夫规则二：

球没有打进球洞时，球的落点就是下一个击球点。

“朋友们！这简直太神奇了，我不过是坐在这里看报纸，突然，这个不明飞行物就从空中笔直地掉到了我的茶杯里！”鹿教授兴奋地说。

“太好了！这下我们知道球落在哪里了！”兔小跳也很高兴，“高尔夫的第二项规则就是，如果球没有打进球洞，那么下一次击球的位置，就是上一次球的落点。”

规则就是规则，必须遵守。鹿教授坐在吊床上，用一只手举着茶杯和高尔夫球。

为了能够击球，猬小弟爬上了吊床。吊床晃晃悠悠，他俩用尽全力保持平衡，猬小弟看了看球洞的位置……

3 高尔夫规则三：

击球的关键不是力量，而是打得准。

“记住！最重要的不是击打的力量，而是要打得准！”兔小跳提醒猬小弟。

击球！猬小弟用力挥出手中的球杆，正准备把球打出去。就在这时，吊床拧在了一起，把猬小弟和鹿教授缠在一起，就像是掉在蜘蛛网里。兔小跳花了半个小时才把鹿教授的鹿角和猬小弟的手从吊床的网子里弄出来。

当猬小弟终于解脱出来的时候，他已经晕头转向，站立不稳了。

“我永远也不会成功的。”猬小弟沮丧地说。

鹿教授把球杆塞到猬小弟手中：“我亲爱的朋友，不要轻易放弃！”

猬小弟做了一个深呼吸，第三次挥动球杆。

哐！哗啦啦！球杆击中了鹿教授的望远镜，鹿教授无奈地笑了一下。

“没关系！我们再试试。把注意力集中在球洞——就在那里！”他用洪亮的声音对猬小弟说。

猬小弟再次挥杆，球消失在空中，飞向远方。

兔小跳等不及了，高声说：“快，别傻站着，去看看球进了没有！”说着，他飞快地冲上小山冈，猬小弟和鹿教授跟在他身后。

当他们爬到山顶，一下子全都呆住了。山脚下，农夫熊倒在了菜园里。

“这是谁开的玩笑？”农夫熊爬起来，看着地上的球，用手揉着自己被打疼的后背。

于是，大家找到了新的击球点。兔小跳试图把球放在农夫熊的后背上。

“等一下，这样不行，球一定会滚下来的。”鹿教授说。

兔小跳想了想，他找到一个装水果的盆子，将水果一股脑儿倒在了地上，然后将盆子扣在农夫熊的身上。

猬小弟在一旁担心地看着可怜的农夫熊，哽咽着说："不行，我永远不会成功的，只会更糟！"

农夫熊鼓励猬小弟说："不会变得更糟的，勇敢一点儿，你能行的！"

兔小跳把球放在盆子上，命令道："击球！"

巧老师正在悠闲地散步，突然她透过浓密的灌木丛看见了兔小跳他们。于是，巧老师走了过去。

“你们在——”巧老师还没说完，一个飞来的高尔夫球就落在了她背的包里。

“这回从哪儿打？”猬小弟问兔小跳。

兔小跳指了指巧老师，然后迅速向巧老师解释了一下规则。

“多么有趣的规则！”巧老师大吃一惊，“不过，从理论上讲，猬小弟有可能打不到球，而是直接打中我。”

兔小跳、鹿教授和农夫熊用坚定的目光看着巧老师。“我不过是问问嘛，理论上讲有这种可能……”巧老师一边说一边把球放回自己的包里。

农夫熊给猬小弟按摩让他放松，鹿教授则在分析击球的战术：“要保持正确的姿势。前面有棵树，不能打直线球，必须让球旋转出一个弧度，绕过那棵树。”

猬小弟做好准备，挥动球杆，带起一阵呼呼的风。大家都全神贯注地看着巧老师。巧老师却紧张极了，把包紧紧抱在怀里。

“我不是故意的。”巧老师不好意思地说。

“我就说过我不会成功的。就连把球打进球洞这么简单的事，我都办不到。”猬小弟沮丧地说。

“朋友们，”巧老师问鹿教授和兔小跳，“这种情况该怎么办？”

兔小跳挠挠头：“球一定得打进球洞里。”

农夫熊笑了：“那还不简单！”他一把抓过铁锹，开始挖坑。

一会儿的工夫，农夫熊就在原来球洞的地方挖了一个大坑！

农夫熊把铁锹插在地上，大声喊道：“好啦！朋友们，赶紧过来！”

根据规则，巧老师背着的包就是下次击球的击球点。猬小弟举起球杆，瞄准了巧老师的包。结果巧老师连同装着高尔夫球的包一起飞向了球洞。

飞行的路线上有一棵橡树，但是猬小弟的技术出奇地好，“球”画出一个漂亮的弧线，绕过了树，飞向远方。鹿教授和农夫熊立即抓住巧老师，径直把她拽向球洞。

“进啦！球进啦！胜利啦！”大家叫喊着，把猬小弟抛到空中。

猬小弟被抛得高高的，他终于相信了自己的能力。猬小弟坚定地说：“我准备下个月开始练体操！”

巧老师将兔小跳拉到一边，悄悄地说：“你再给我讲讲判断输赢的规则，我到最后也没完全弄明白！”

兔小跳告诉巧老师：“规则嘛，我觉得最重要的不是取胜，而是——参与其中！”

俄罗斯聪明玛莎出版社
北京开心球动漫技术有限公司 编著

世界真奇妙 阅读书系

濒危动物红皮书

重视环保 更快乐

刘艺阁 译

中国人民大学出版社
· 北京 ·

目 录

CONTENTS

人物介绍

喜欢运动和探险，爱吃胡萝卜

一只淘气、多嘴的兔子。活泼好动，充满活力，是个乐天派，和猬小弟是最好的朋友。

喜欢收藏各种东西，喜欢看书

这只小刺猬善良、有礼貌、乐于助人、有一点儿害羞。他总是不慌不忙，外表很温柔，内心很勇敢。

爱漂亮，喜欢幻想，喜欢收礼物

可爱迷人的女孩，爱吃甜食，爱漂亮。经常鼓舞其他开心球去完成重要的事情，喜欢得到赞美。

喜欢文学、诗歌和艺术

开心球中的著名诗人，非常敏感。一直在寻找灵感，散发着忧郁而浪漫的诗人气息。

热爱科学、读书和美食

很有才华的科学家，生活中有点儿笨手笨脚。对待任何问题，他都会在自己的藏书中寻找科学的答案。

喜欢烹饪，关心大家的健康

乐于助人、充满爱心的奶奶。随时带着医药箱，经常给别人看病，倡导健康的生活方式。严厉但很公平。

喜欢旅行，热爱戏剧和音乐

年长的绅士，伟大的旅行家。是个讲故事的能手，有艺术家气质，有一点儿爱吹牛。

喜欢种植，爱吃蜂蜜

温顺憨厚，不善言谈，整天都在地里干农活：耕地、除草、灭虫……他种的蔬菜长得非常棒！

热爱发明，擅长机械，敢于冒险

自学成才的发明家，能将一堆金属碎片变成神奇的机器。喜欢开飞机，经常冒出奇怪的想法。

聪明绝顶，喜欢探索太空

平博士创造出来的机器人，拥有超强的学习能力，不会说话，但可以发出电脑声波传达信息。

濒危动物红皮书

从现在开始，保护鹿教授。

“春天来啦！”大嘴叔推开家门，张开双臂，大声欢呼。最近，他总会想起自己最爱的那片青草地，踩上去软软的，舒服极了。春天，草地上还会开满美丽的鲜花，引来许多漂亮的蝴蝶。

大嘴叔等不及了，他快步走进森林，嘴里哼着快活的小调。快到了，再转个弯，就能看到青草地了。

“啊——”突然，大嘴叔发出了一声绝望的惨叫。他最爱的青草地不见了，变成了一个个土堆和泥坑，兔小跳和猬小弟正在泥坑里挥舞着铁铲。

“你们在干什么？”大嘴叔怒气冲冲地喊道。

“我们在挖迷宫，在迷宫里玩游戏可有意思啦！”泥坑里传来兔小跳的声音。

“快停下，你们破坏了这里的环境！”大嘴叔气愤地说。

“破坏？我们只是想挖一个完美的迷宫。”兔小跳和猬小弟觉得很委屈，他们卖力地干了半天，大嘴叔不但不夸奖他们，还说他们在搞破坏。

“要知道，这片草地可是北美野牛的粮仓！”大嘴叔还是有点儿激动，“现在野牛们没有了食物，只能饿肚子了。这样下去，他们很快就会灭绝的！难道你们不知道北美野牛是濒危动物吗？”

兔小跳和猬小弟摇了摇头。

“好吧，跟我一起去图书馆，我得让你们知道你们这样做的后果有多严重。”大嘴叔说道。

鹿教授正在打扫院子，他知道大嘴叔他们的来意后，就带他们走向图书馆。

一进图书馆，大嘴叔就快速爬上梯子，在书架的最上面一层找到了一本厚厚的、落满灰尘的书，书名正是《濒危动物红皮书》。

“红色代表危险，这是在提醒我们，某些动物正面临着危险。”大嘴叔解释道，“这本书收录了所有的濒危动物物种，他们的数量非常稀少，需要我们保护，否则他们就永远消失了。”

“北美野牛也是这样吗？”猬小弟问道。

“对，”大嘴叔叹了一口气，“北美野牛也是一样。”

“近50年来，北美野牛的数量减少了大约三分之二……”兔小跳和猬小弟认真地阅读书里的内容，书里还有很多濒危动物的照片。

“天哪！”兔小跳倒吸了一口凉气，指着书里的一张照片说，“他也是濒危动物？！”

大家顺着兔小跳的手指看过去，只见在《濒危动物红皮书》第75页上，清晰地印着鹿教授的照片。

鹿教授竟然是濒危动物！

知道了这件事之后，兔小跳陷入了沉思，猬小弟则激动地流下了眼泪。

只有大嘴叔保持冷静，他说：“我们的朋友生活在危险之中，还等什么，快去保护他吧！”说完，他朝站在院子里的鹿教授飞奔而去，兔小跳和猬小弟也紧随其后。

“绝不能让鹿教授有危险！”

“我们要一起拯救鹿教授！”

“对，我们得立刻行动！”

朋友们一致决定——要改变鹿教授的生活方式。

从现在开始，鹿教授每天都要严格按照制定好的时间表来生活！

比如，早上7点起床，7点到8点做早操，早餐只能吃干草和驯鹿苔藓。午饭食谱是干草汤、炒干草、干草羹。为了防止出现意外，在鹿教授散步的时候，一定要有个“救生员”时刻保护他。

鹿教授完全不明白朋友们在干什么，不过他相信：“朋友们是不会害我的！”

但是，第二天，鹿教授就受不了了。不管他干什么，总有人在旁边跟着他，让他一刻也不得安宁。

鹿教授刚想坐下来认真演算一道数学题，立刻有人对他大喊："该吃干草了！"吃饭的时候，朋友们会围着他反复说："吃得太少了，再多吃一点儿！"

最后，鹿教授不得不大声说道："你们要是想保护我的话，就从保护我脆弱的神经开始吧。从现在起，让我一个人静一静！"

“静一静……”大嘴叔想了一会儿，高兴地说，“对了，我有了一个好主意，绝对能保证鹿教授的安全！”

可怜的鹿教授，第二天一大早，就被关进了铁丝网里。原来，大嘴叔的好主意就是把鹿教授送进自然保护区，这是他读完《濒危动物红皮书》后想出来的点子。

现在，鹿教授只能通过铁丝网和朋友们见面了。铁丝网周围聚集了人群，还有人开着闪光灯不停地拍照。

“这哪里是什么自然保护区，分明就是动物园啊！我可不想一直在这儿住下去！”鹿教授十分沮丧，低着头，离开了看热闹的人群，走向保护区里的小木屋。

“让我看看他在干什么。”晚上，大嘴叔坐在屏幕前。他在鹿教授的屋子里装满了摄像头，这样他就能通过监控屏幕了解鹿教授的一切情况。

大嘴叔已经坐在屏幕前两个小时了，他开始打起盹儿来。突然，门被打开了，兔小跳跑了进来。

“一个小时以后才轮到你值班呢，这么早跑过来做什么？”大嘴叔问道。

“我做噩梦了！”兔小跳惊慌地说，“我梦到鹿教授被暴风雨带到很远的地方去了，他被一群陌生的动物包围了，他需要我们去救他！”

大嘴叔也有点儿害怕：“必须想办法阻止这种事情的发生！”

很快，大嘴叔就想出了一个黄金点子：“我们可以做一个定位手环，追踪鹿教授的位置！”

“我们还可以在手环里加一个无线电发射器。”兔小跳补充道，“这样，不管发生什么事，我们都能知道鹿教授在哪儿。”

平博士只用了短短几个小时就制作出了他们需要的定位手环。朋友们开心地向鹿教授的小木屋走去。

为了不吵醒还在睡梦中的鹿教授，他们静悄悄地走到床边，小心翼翼地给鹿教授戴上了手环。大功告成！现在他们终于能睡个好觉了！

鹿教授睡得很沉，他梦见自己变成一只蝴蝶，在花丛中自由地飞翔。

嘭嘭嘭——窗外传来一阵响声。

“大半夜的，是谁啊？”鹿教授从睡梦中惊醒，走到窗边。

“朱小美？！”鹿教授惊讶地喊道。

睡眼朦胧的鹿教授走出小木屋，举起手想跟朱小美打个招呼，这时，他突然看见自己手上戴着的手环。鹿教授刚想说些什么，只听见咔嚓一声，手环竟然断开了！朱小美不知从哪儿弄来一把大铁钳，一下子就剪断了手环。

“快跑啊，鹿教授，快跑！”朱小美着急地说。

“跑去哪儿？我就住在这儿呀！”鹿教授问道。

“我认真读过了红皮书，像你这样的动物已经非常稀少了，关在这里是没法繁殖的，只会让你们灭绝得更快。”朱小美一边说，一边把教授推到了铁丝网的外面。

“你们到底想干什么？”鹿教授小声嘟囔着，无奈地离开了。

嘀嘀嘀——警报器大声叫了起来，鹿教授出事了！朋友们点亮火把，一起出发，寻找鹿教授。

找到鹿教授的时候，天已经快亮了，鹿教授正一个人坐在泥坑里掉眼泪：“望远镜、书本、蝴蝶……以前的我是多么幸福啊！”

“鹿教授！”

听到大嘴叔的声音，鹿教授吓得浑身颤抖。

“对不起，我们只是想保护你。回来吧，我们再也不那样了。”

“你们又改变主意了？”鹿教授警惕地问。

“对，因为我们发现我们之前看的是老版的红皮书，现在我们找到了最新的版本，我们的照片都在上面，鹿教授，我们都是濒危动物！”

野草大战

有勇气就能战胜困难。

在一个伸手不见五指的深夜，甘菊庄园的小伙伴们都进入了甜美的梦乡。一粒小小的紫色种子乘着微风，飘到了农夫熊的南瓜地里。这粒小种子舒服地躺在温暖湿润的泥土里，开始悄悄地生长，这颗紫色的小种子是什么呢？

“草……野草，必须把它们都拔光……”农夫熊在梦中，嘴里嘀咕着，过一会儿又翻了个身，打起了呼噜。

第二天一大早，太阳公公还没有睡醒，菜园里就传来了吭哧吭哧的声音——农夫熊正挥着锄头在地里干活儿呢！除草，松土，施肥……农夫熊干得热火朝天。突然，一株从没见过的野草碰到了农夫熊的鼻子。

“这是什么？”农夫熊盯着这株奇怪的野草。它好像把这儿当成自己的家了，和南瓜一起在菜地里生长。

农夫熊说：“嘿，哥们儿，我这儿是菜园，可不是花坛，快出来吧！”

农夫熊把野草从地里拔了出来。正打算把它扔掉的时候，善良的农夫熊却犹豫了。他想，这株野草看上去是多么娇小柔嫩，要是把它扔了说不定就活不成了！

于是农夫熊把它栽到一只小花盆里，小心翼翼地摆放在窗台上。但是，农夫熊刚一转过身，这株野草就晃了晃身子，向刚施过肥的地里又吐出了几粒紫色的种子。

这时，兔小跳和猬小弟正向农夫熊的菜园赶过来。猬小弟用力拉着手推车，车里面装的可不是货物，而是兔小跳。兔小跳正摇晃着长耳朵，忙着计算今年能分到多少果实。

“猬小弟，如果现在让你选择——几根胡萝卜和一箩筐的好心情，你选哪个？”兔小跳问道。

“当然是好心情了！”猬小弟喘着粗气回答。

“那我就记下来了。”兔小跳高兴地宣布，“猬小弟放弃了自己的那一份胡萝卜！”

“我要苹果，很多苹果……”

猬小弟还没说完，就看到了让他十分惊奇的一幕。

农夫熊漂亮的菜园现在长满了粗壮的绿色藤蔓，藤蔓上面肥厚的紫色花朵几乎覆盖了整个菜园。

“啊！”兔小跳吓得尖叫起来，“农夫熊，你怎么全种花了？那我们以后都吃什么呀？”

“不是我种的！”从远处传来农夫熊的声音，“这些是野草，它们把所有的农作物都吃掉了！”

这些野草被农夫熊惹怒了，竟然伸出一根藤蔓缠住了农夫熊的腿。看来，得马上行动了。

“野草，接招吧！”

“可恶的野草，你要对我们的农作物负责！”

菜园里响起了坚决有力的作战宣言。兔小跳从小车上跳下来，猬小弟推了推自己的眼镜，用力斩断了趁他不注意就缠在他的小铁铲上的藤蔓。

伟大的野草大战打响了！菜园的保卫者们肩并肩地开始战斗，他们用工具把野草连根斩断，扔出菜园。

但是，野草军团可没有那么容易被打败。新的野草不断从土里冒出来，密密麻麻的绿色藤蔓缠绕在保卫者们周围。

野草军团又开始了炮弹攻击！野草发射出来的炮弹是看起来很甜美的紫色果实，兔小跳没忍住尝了一口……

“看来果实有毒……”农夫熊的目光一直追随着兔小跳——他吃完果实以后肚子就疼得不得了，正急着找厕所呢！

农夫熊决定采取一些特殊的作战方式。现在，他们的秘密武器出场了——专门用来对付野草的黄色剧毒除草剂！他们带上防毒面具，开始了生化攻击。

“这种除草剂是我特别研制出来的。”防毒面具后面传出农夫熊得意洋洋的声音，“它是专门用来消灭野草的，可是对农作物却无害。”

“小心点儿，别喷到我身上！”兔小跳从草丛里气冲冲地跳出来。

“这是专门消灭野草的，对我们没有危害！”猬小弟笑着解释道。

突然，一条粗壮的藤蔓从地下伸了出来，紧紧地缠住了猬小弟，把他拉进了浓密的野草丛中。

“救——命——啊！”猬小弟吓得尖叫起来。农夫熊灵活地躲过了果实炮弹的攻击，抓住缠着猬小弟的那根藤蔓，要去救他。但是狡猾的野草突然往回一弹，两个小伙伴被弹到了半空中……

然后，他俩又掉下来趴在藤蔓上，农夫熊郁闷地向下看——那个黄色的小圆点，就是他以前温馨可爱的家啊。

“野草疯长得太厉害了！”农夫熊嘟囔着，“你越用力地铲除它，它长得越快。”

“野草真是野蛮啊……”旁边的猬小弟替他做了总结。

猬小弟此时正坐在一朵盛开的紫色花朵上。那朵紫色花朵显然很不喜欢他们的这段对话，它突然张开自己的花瓣，像张开大嘴似的把猬小弟一口吞了下去！

“猬小弟被花吃了？！”看到这一幕，农夫熊吓傻了。这种怪事他还从来没遇到过呢！怎么才能把猬小弟救出来呢？

农夫熊抬头看了看含着猬小弟的花苞，然后抓紧藤蔓，慢慢向上爬。

“野草生气了。”花苞中传来猬小弟含糊不清的声音，“农夫熊，快救我出去！”

这时，一朵又一朵的紫色花朵开始像礼炮一样蹿向天上，野草疯狂生长，这股可怕的力量甚至把土地都掀了起来！农夫熊的整个菜园——小房子、菜地、手推车都开始离开了地面，缓缓上升。

“回来！你们这些可恶的野草，把我的朋友们还给我！要不然我把你们全都烧掉！”兔小跳生气地叫喊着，他想都没想，就做出了一个勇敢的举动——他高高跳起，抓住了土块上垂下的一条细细的草根。

野草开始加速向上生长，兔小跳的脚离开了地面。就在这时，兔小跳又做了第二个勇敢的举动——他用脚勾在了旁边的橡树枝上，强忍着剧痛，用嘶哑的声音说：“不许走，把我的朋友们放回来！”

猬小弟使尽全身力气，用自己背上的刺儿刺穿了花瓣，钻了出来。

“猬小弟！咱们快想办法下去吧！”农夫熊看到猬小弟没事，高兴坏了。

“别……”猬小弟朝下面看了一眼，颤抖着说，“我们最好还是老老实实待在这儿吧。”

“但是我怕兔小跳撑不了多久……”农夫熊担心地说。

听到兔小跳的名字，猬小弟觉得自己浑身充满了力量。他忘记了恐惧，用力抓住农夫熊厚实的手掌。

“准备好了吗？”

“准备好了！”农夫熊把藤蔓一推，两个人笔直地向下坠落。

风在耳边呼啸，但是猬小弟一点儿也不觉得害怕，因为他正惦记着挂在橡树枝上的好朋友呢。然而，农夫熊却吓得一句话都说不出来，毕竟他的恐高症还没治好！兔小跳看见朋友们往下跳，也松开了手。

终于，他们回到了地面上。

一切终于结束了。小伙伴们看了看四周，只剩下一片光秃秃的黑土地，没有等待收获的农作物，也没有农夫熊的小房子。难道野草军团要把这些都带到月亮上去吗？

“猬小弟，你说这些东西都上哪儿去了呀？”兔小跳抬头看着天空，喊出了自己的疑问。

很快，天空就做出了回应。砰！农夫熊的小房子落了下来。砰！手推车也落了下来。然后，最神奇的事情发生了。天上先是下起了胡萝卜大暴雨，紧接着又刮起了黄瓜飓风，还下了一阵南瓜冰雹，最后，是西葫芦毛毛雨。

兔小跳呆呆地看着这一切。农夫熊和猬小弟一秒钟都不愿意浪费，忙着捡天上掉下来的好东西。

野草军团不甘心地扔下了一粒种子。这粒种子刚想悄悄躲起来，就被兔小跳发现了。他飞奔过去，一眨眼就把种子给吞了下去。“种子的味道还是不错的……”兔小跳还没说完，就捂着肚子跑开了，“厕所在哪里？”

匿名信

寻找匿名者。

生日是很重要的日子。在每年的这一天，朋友们都会来为你庆贺，送上祝福。

今年，大嘴叔早早就开始为自己的生日做准备了。他把阁楼打扫得干干净净，把身上的羽毛梳理得漂漂亮亮，还搜集了很多智力竞赛题和谜语，准备等朋友们来的时候一起玩儿。

生日终于到了！大嘴叔戴上了最喜欢的蝴蝶领结，把门大大地敞开，坐在椅子上等待朋友们的光临。

“生日是我特殊的节日，我不邀请他们，他们也会主动来的。”大嘴叔心想。

三个小时过去了，大嘴叔实在饿坏了，忍不住拿了一块蛋糕吃。夜深了，当时钟的指针指向12点时，大嘴叔才明白过来，根本不会有人来了。大家都忘了他的生日！

第二天早上，朱小美和羊诗弟在大嘴叔家附近玩捉迷藏。

朱小美跑到了大嘴叔家门口，发现大门上贴着一张纸条。

亲爱的大嘴叔，如果这里的人都不再需要你，我就马上把你从这里带走，无论你愿意不愿意。想不想试一试？

——无名氏

朱小美低声读完了纸条上的字，吓得发抖：“这是一封匿名信，有人要绑架大嘴叔！”

“大嘴叔，大嘴叔！”朱小美拼命地敲门。过了不到5秒钟，大嘴叔就出现在了门口。朱小美用发抖的手把匿名信递给大嘴叔。

“什么无名氏？这是谁开的愚蠢的玩笑。”大嘴叔嘟囔着。

但是朱小美却不认为这封信是在开玩笑。她对大嘴叔再三强调：“不许出门。”

说完，朱小美拉起羊诗弟的手，跑去找朋友们帮忙。

当晚，朋友们聚集在大嘴叔家。

“无名氏是什么样的人？”朱小美好奇地问。

“无名氏就是想做什么事情而不愿意公开姓名的人。”鹿教授严肃地回答，“如果他是坏人，那最好别碰上他，因为他什么坏事都干得出来。我们得赶紧找出这个无名氏。”

“最近有什么怪事发生吗？有没有什么陌生人来过？”鹿教授问。

其他人都摇了摇头，他们的脑海里浮现出一幅画面：在某个地方，那个无名氏正拿着一个大口袋在来回溜达，想把大嘴叔装进口袋里！抓完大嘴叔，他还会抓其他人——兔小跳、猬小弟、朱小美……光想想都觉得可怕！

“我到底怎么得罪他了？”大嘴叔小声地抱怨。

“别担心，”农夫熊拥抱着大嘴叔，“我们不会让无名氏把你带走的！”

“在彻底查明无名氏的身份和动机前，我们一定会确保你的安全的。”鹿教授也走过来安慰大嘴叔。

“我们可以保护大嘴叔。”兔小跳和猬小弟也挺身而出，他们把棒球棍当作武器，走到街上去四处巡逻。

因为出了匿名信的事情，夜晚变得可怕起来。灌木丛里似乎有什么东西一直在晃动，吓得猬小弟全身的刺儿都竖起来了，他连忙攥紧手中的棍子。

呱呱呱——

一只青蛙突然从灌木丛里蹦出来，猬小弟松了口气。

"喂，怎么样？"兔小跳来到猬小弟身边。

"暂时没发现什么。"猬小弟回答。

"那就让我们再照亮一点儿，不能让无名氏逃过我们的视线。"兔小跳不知从哪儿找来一把梯子，他把梯子架在路灯杆上，然后爬上梯子，把路灯的旧灯泡换成新的。

"好了，这样就亮多了。"兔小跳得意地说。

与此同时，其他朋友正在大嘴叔家里照顾他。巧老师把大嘴叔按在摇椅上，给他盖上毛毯；朱小美用小勺喂他喝水。

“你认识什么不怀好意的人吗？”鹿教授用放大镜仔细研究匿名信，若有所思地问，“也许，你激起了某个人的嫉妒？”

“这还用问，当然激起过，不过没有不怀好意的人。”大嘴叔激动地说，“一直以来大家都非常喜欢我！”

大嘴叔话音刚落，屋里的灯就灭了，四周一片漆黑，房门吱呀一声打开了。无名氏来了！黑暗中，羊诗弟摸到一本厚厚的百科大词典，农夫熊则举起了一张凳子……

鹿教授点亮了蜡烛。这时，大家才发现，站在门口的不是什么无名氏，而是猬小弟。他手里拿着棍子，显然被大家的阵势吓呆了。

“解除警报。”鹿教授说完，又重新开始研究匿名信。

“哈！”鹿教授突然兴奋地大叫，“有意思，真有意思！”

他伸出手，让大家仔细看看匿名信：“这是一张从日历上撕下的纸！而且正好就是墙上那本日历上的纸。也就是说，无名氏来过这里，或许他就在这里，根本就没有离开过！”

“撤退！快！”平博士把手往门外一指，大喊道，“去我那儿！”

大家抄起手边的家伙——扫帚、平底锅、擀面杖……再把大嘴叔连椅子一起抬上独轮车，迅速在门外排成一队。

“快跑！”随着平博士的一声号令，大家一路飞奔。独轮车在坑洼不平的道路上不停颠簸，大嘴叔觉得自己的身体都快散架了。

不到十分钟，大家就跑到了海边。平博士的家就在这里，这里很安全，无名氏肯定找不到他们！

巧老师一边呼哧呼哧地大口喘着粗气，一边把大嘴叔连人带椅子一起推进电梯。一眨眼的功夫，电梯就把他们送进了平博士的房间里。

平博士在控制台上按下密码，屋子的所有窗户都自动插上了插销，大门也关得严严实实的。屋里没有一点儿光线，黑漆漆的。

由于害怕，朱小美紧靠着羊诗弟，兔小跳用力拽着猬小弟，而巧老师则用围巾把自己和大嘴叔绑在一起。

“一切都会好的。”平博士安慰大家。

屋子突然亮了，原来是平博士打开了应急灯。大嘴叔被明亮的灯光刺得闭上了眼睛，当他再次睁开眼睛时，却看见大家拿着礼物和气球，站成一排，所有人的脸上都绽放着笑容。

“我们当然明白，在这样紧张的时刻庆祝生日很危险。”羊诗弟说，“但是我们怎么能不给我们最喜欢的大嘴叔过生日呢！”

“谢谢！”大嘴叔疲惫地说，“可是我的生日应该是昨天！”

“为什么是昨天？！”巧老师奇怪地看着大嘴叔，“今天才是3号啊。我们不会弄错的，为此，大家准备了整整一个星期呢！”

大嘴叔呆住了："哎呀，我好糊涂，我还以为你们把我都给忘了呢！"

"嘘！安静！无名氏可能就躲在附近。"巧老师忙伸手制止大嘴叔。

"根本没有什么无名氏！"大嘴叔看着大家，眼睛里充满了幸福，"匿名信是我写的！"

大家都惊讶地望着大嘴叔。

这是怎么回事？根本就没有无名氏？其实是虚惊一场？大家根本就没有必要跑到这里躲起来？

“我以为我的生日是昨天，”大嘴叔愧疚地说，“我做了一大桌好吃的，等啊等啊，可结果谁都没有来。”

“我们为你准备了礼物。”猬小弟说。

“我真的不知道，我以为，你们再也不需要我了。”大嘴叔有些不好意思。

“我的朋友，你这个无名氏可干了件不太光彩的事。”鹿教授两手叉腰说道。

“都是我的错。”大嘴叔觉得羞愧极了，低头说道：“对不起，请原谅我吧！”

“走吧，去我家庆祝吧。”为了弥补自己的过错，大嘴叔邀请大家去自己家做客，重新庆祝生日。他从朱小美手里接过蛋糕，一把推开门，却突然愣住了。

他们的脚下是一望无际的大海，海浪翻卷，哗哗作响。大嘴叔手一松，蛋糕掉到了海里。

“平——平——平博士，我们这是在哪儿？”大嘴叔用发抖的声音问。

“一个特别特别安全的地方，无名氏根本找不到我们。”平博士无比骄傲地说。

图书在版编目（CIP）数据

世界真奇妙/俄罗斯聪明玛莎出版社，北京开心球动漫技术有限公司编著．刘艺阁译．—北京：中国人民大学出版社，2017.9
（开心球）
ISBN 978-7-300-24312-2

Ⅰ．①世… Ⅱ．①俄…②北… Ⅲ．①科学知识－少儿读物 Ⅳ．①Z228.1

中国版本图书馆CIP数据核字（2017）第065964号

俄罗斯原版图书由A.马利根诺娃，I.波波夫，A.普罗霍罗夫，S.沙伊西努洛夫，I.舍甫丘克等编创。

开心球
世界真奇妙阅读书系
俄罗斯聪明玛莎出版社　北京开心球动漫技术有限公司　编著
刘艺阁　译
Shijie Zhenqimiao

出版发行	中国人民大学出版社		
社　　址	北京中关村大街31号	**邮政编码**	100080
电　　话	010－62511242（总编室）		010－62511770（质管部）
	010－82501766（邮购部）		010－62514148（门市部）
	010－62515195（发行公司）		010－62515275（盗版举报）
网　　址	http://www.crup.com.cn		
	http://www.ttrnet.com（人大教研网）		
经　　销	新华书店		
印　　刷	北京联兴盛业印刷股份有限公司		
规　　格	140mm×193mm　32开本	**版　　次**	2017年9月第1版
印　　张	14.875	**印　　次**	2017年9月第1次印刷
字　　数	375 000	**定　　价**	86.00元（全六册）

俄罗斯聪明玛莎出版社
北京开心球动漫技术有限公司 编著

世界真奇妙 阅读书系

超级赛车比赛

学会坚持 不放弃

刘艺阁 译

中国人民大学出版社
· 北京 ·